山东省社科理论重点研究基地『孔子研究院中外文明交流互鉴研究基地』成果

尼山丛书·国学经典音注

刘续兵 总主编

《大学》《中庸》正音释读

刘续兵 编注

山东教育出版社
·济南·

图书在版编目（CIP）数据

《大学》《中庸》正音释读 / 刘续兵编注. —济南：山东教育出版社，2023.9（2024.1重印）
（尼山丛书·国学经典音注 / 刘续兵总主编）
ISBN 978-7-5701-2674-3

Ⅰ.①大… Ⅱ.①刘… Ⅲ.①《大学》-青少年读物 ②《中庸》-青少年读物 Ⅳ.①B222.1-49

中国国家版本馆CIP数据核字（2023）第173313号

NISHAN CONGSHU · GUOXUE JINGDIAN YINZHU
《DAXUE》《ZHONGYONG》ZHENGYIN SHIDU

尼山丛书·国学经典音注　　刘续兵　总主编
《大学》《中庸》正音释读　　刘续兵　编　注

主管单位：山东出版传媒股份有限公司
出版发行：山东教育出版社
地址：济南市市中区二环南路2066号4区1号　　邮编：250003
电话：（0531）82092660　　网址：www.sjs.com.cn
印　　刷：山东临沂新华印刷物流集团有限责任公司
版　　次：2023年9月第1版
印　　次：2024年1月第2次印刷
开　　本：710毫米 ×1000毫米　1/16
印　　张：13.25
字　　数：199千
定　　价：53.00元

（如印装质量有问题，请与印刷厂联系调换）印厂电话：0539-2925659

总序

在五千多年的发展演变中，中华文明形成了自己的突出特性。第一个特性，就是其突出的连续性。

孔子整理“六经”，自称“述而不作”，全面继承了以前两千五百多年的文明成果，这就是所谓的“先孔子而圣者，非孔子无以明”；同时，孔子又以极大的魄力、高深的学识以及在当时条件下对文献资料尽可能丰富的掌握，“以述为作”而又“寓作于述”，使得以“六经”为代表的典籍整理和传承成果，成为以后两千五百多年中华智慧的源泉，这就是所谓的“后孔子而圣者，非孔子无以法”。中华文明的这种连续性，也因经典的生成而具有了无可替代的神圣性。

对“六经”的整理和删定，其实就是孔子的“创造性转化、创新性发展”，这又成为中华文明创新性的最好注脚。实际上，中华文明的所有突出特性，包括统一性、包容性、和平性，既体现在中华民族几千年来的民生日用中，更体现在中华文化核心经典的流传中。

如果说经典的研究离不开学者们在书斋里创作的“高头讲章”，那么文化的传播则需要适应青少年需求、面向更广大国学爱好者群体的“国风”作品。因此，尼山世界儒学中心（中国孔子基金会秘书处）推出了这套国学经典正音释读丛书，力争以“两创”方针为指导，努力推动中华经典进学校、进课程、进头脑，在广大青少年学生的精神世界落地生根。我们这项工作，其实就是接续先贤经注传统、推动文化落地普及的无数探索中的小小一部分。

丛书力图结合青少年可塑性强的特点，以经典中所凝聚的文化精髓，涵养其精神世界。坚持选取“经典中的经典、精华中的精华”原则，编写、出版校勘精良、读音标准、注释准确，以“大字、注释、注音、诵读”为特色的读本，促使国学经典走进青少年和广大国学爱好者的心灵，让更多人爱上传统文化，增强文化自信和民族自豪感。

丛书分别为《大学》《中庸》《论语》《孟子》《诗经》《道德经》等六部经典正音释读，这六部经典是中华文化最重要、最具有基础性意义的典籍。孔子研究院受山东省委宣传部、尼山世界儒学中心（中国孔子基金会秘书处）的委托，组织精干学术力量开展课题研究，确定了如下编写风格：

一、导言为领。每部作品都以“导言”来提纲挈领。如《大学》对于“大学”与“小学”、“大学”与“大人”、《大学》与曾子、《大学》与道统、《大学》与朱子等核心问题的分析，《中庸》对于其作者、流传、结构、思想的介绍，《论语》对于其书名的由来、编纂者、成书时间、流传版本的阐释，《孟子》对于其成书过程、主要思想、推荐读法等问题的思考，《诗经》对于其“源”与“流”、“诗”与“诗三百”、孔子与“诗三百”、“诗三百”与《诗经》、《诗经》与中华文化的关系等内容的梳理，《道德经》对于其研究现状、核心概念、政治哲学、生命哲学及其对后世影响的解读，都努力把握要点，向读者讲清楚这些经典的框架、价值及其在中华文化中的地位。

二、章旨为引。为方便读者更好地理解内容，每部经典的篇章都通过“章旨”的形式进行引导解说，综述篇章大义，阐明相关章节在逻辑、义理上的内在联系，以满足广大读者诵读经典的学习需求，并引出与读者对话的主题，帮助提高阅读效率。读者结合“章旨”阅读正文，可见全书结构的纵横条理。

三、正文为经，注释为纬。《大学》《中庸》《论语》《孟子》采用朱子的《四书章句集注》为底本；《诗经》以《十三经注疏》中的《毛诗正义》为底本，并参照“三家诗”对其中的个别字词进行了修订；《道德经》采用王弼注本为底本，也适当地以河上公本、马王堆帛书本、郭店竹简本与北大汉简本等为参校。改订之处均于注释中做出说明。其中的难字、难词，有针对性地进行了注释，力求精练、准确、易懂。某些字词有多种解释时，除选择编者认可的注释外，也适当提供其他说法，供读者参考，以便留有思索的空间。为使读者更好地了解经典的原貌，在繁简字转化时保留了部分常用的古汉语字词，其中有些不常用的生僻字词也依据底本予以保留，力求做到文本的准确无误。

四、注音为辅。注音以音义俱佳、不失考据为原则，并兼顾现代汉语的读音规则。凡有分歧之处，根据文义，汲取历史上注疏经典的经验做法，尤其是参考和借鉴朱子《四书章句集注》正音读、重释义的注解做法，将每个字的读音标注清楚，以便帮助读者理解字义。对一字多音、不好确定的字，查找权威资料，结合现代读音，反复推敲，以确定最佳读音。

编写过程中，参考了古今学者大量研究成果，以参考文献的方式择要列于书后。受人之泽，不敢隐人之美，特此深致谢忱。

书中肯定有不当之处，恳请读者不吝批评指正。

刘续兵

2023 年 8 月

目录

dà xué

大学

一、"大学"与"小学"

有"大学"就有"小学"，它们是相对而言的，都是古代的教育制度，跟今天的大学、小学有所不同。

中华民族是世界上最重视教育的民族之一，中国人对子女的教育，贯穿终生，从生至死，"活到老，学到老"。甚至在胎儿状态时，就已经开始施加教育，这就是"胎教"。《列女传》中说，周文王的母亲太任身怀文王时，就"能以胎教"，"目不视恶色，耳不听淫声，口不出敖言"。南宋大儒朱熹（以下提到朱熹，一律称朱子）认为，太任"性行既美，又能胎教"，所以文王出生后聪明通达，"教之以一即能识百"。

孩子四岁左右，就要开始启蒙教育，能识字、能书写，掌握文化常识，养成良好习惯，熏陶道德理念。

完成家庭教育后，国家就从父母手中接过进一步的职责，建立学校以培养栋梁。夏、商、周三代的学校分别叫"校""序""庠"，统称为"学"。西周时期，天子和诸侯设

立“小学”。按照朱子的说法，不论是王公后裔，还是庶人子弟，“人生八岁”，就要入“小学”，学习“洒扫、应对、进退之节，礼乐、射御、书数之文”。所以，“小学”侧重于知识技能教育和待人接物常识培养，“学小艺”，“履小节”。“小节”就是洒水扫地等家务细节，进退应对等待客礼节。“小艺”就是“小学六艺”：礼、乐、射、御、书、数，即礼节、音乐、射箭、驾驭马车、书法文字、计数算法。“小学者学其事”，通过小学阶段的学习，一方面掌握基本知识，为更深阶段的教育打好基础；另一方面收其心、养其德，具备初步的认知能力。

随后，就能够“束发而就大学，学大艺焉，履大节焉”(《大戴礼记·保傅》)。男子十五岁时，要把头发束起来。朱子解释说，到了这个年纪，天子的儿子、贵族的嫡子，以及部分平民中的优秀子弟，就要进入天子和诸侯设立的“大学”，学习“穷理、正心、修己、治人之道”。“小学”阶段的教育目标是涵养性情，培养孝悌忠信的品质；“大学”阶段则要在此基础上“正心”“诚意”，进而“养德”；“小学”阶段学习“是什么”；“大学”阶段感悟“为什么”。其终极目标，则是“学为大人”。

孔子之所以被称为中国最伟大的教育家，就是因为他以石破天惊的壮举开创私学，“有教无类”，打破了“学在官府”、只有贵族子弟才有资格接受教育的旧传统，对中国历史和文化影响深远。其教育理念穿越时空，至今备受推崇。他的教学内容，或者说教材，就是“大学六艺”：《诗》《书》《礼》《乐》《易》《春秋》，也称为“六经”。后来《乐》失传，才有了“五经”的说法。大学“六经之教”，从原来的知识技能教育，也就是谋生谋食的职业教育，走向了人文教育、人格教育，孔子以此举极大地提升了中华文明的上限和格局。

二、“大学”与“大人”

“大学”就是“大人”之学；或者说，“大学”就是“学大”之学，学习如何“成为大人”，成为拥有“大人格”的人。《易经·乾卦·文言》说：

> 大人者，与天地合其德，与日月合其明，与四时合其序，与鬼神合其吉凶，先天而天弗违，后天而奉天时。天且弗违，而况于人乎？况于鬼神乎？

按照这个说法，“大人”就是通晓天地明德、遵行天地之道、掌握至高原理的人。

孟子则认为，“大人者，不失其赤子之心者也”（《孟子·离娄下》）。“大人”就是能保持先天善性的人，“养其小者为小人，养其大者为大人”（《孟子·告子上》）。培养浩然之正气，超越物欲之蒙蔽，发扬天赋之德性，这样的人，就是“大人”。

王阳明《大学问》进一步发挥，一方面“去其私欲之蔽，以自明其明德”，另一方面“止于至善以亲民，而明其明德”。也就是说，修养好自己的德性，这是第一步；以自身之明德去亲爱他人，立德与爱人同步，在亲民过程中进一步发挥己德，这是第二步；最终实现“与天地万物为一体”，这就是“大人”。

“大人”的使命是什么？北宋大儒张载的“横渠四句”作了精准而又深刻的概括：为天地立心，为生民立命，为往圣继绝学，为万世开太平。

这也正是儒家全部学问的根本。从这个意义上说，“四书五经”都是“大学”。

三、《大学》与曾子

朱子认为，《大学》就是“大学”中的“教人之法”，是讲授“大学”的教材。《大学》原为《礼记》的第四十二篇。《礼记》是儒家“五经”之一，孔门后学论述先秦典章制度的论文集，因为是由西汉礼学家戴圣编纂成书，又名《小戴礼记》（区别于他的叔叔戴德编纂的《大戴礼记》）。

关于《大学》的作者，自古以来争议较大。

东汉儒者贾逵认为是孔子的孙子子思所作。东汉史学家班固在《汉书·艺文志》中指出，是“七十子后学”也就是孔门弟子和后学所作。也有学者认为《大学》中没有用“子曰”，怎么能说是孔子或孔门后学所作呢？明末思想家刘宗周则认为，《大学》和《中庸》都是孔子的孙子子思所作。但刘宗周的弟子陈确则干脆不承认《大学》与孔门有关。清代学者崔述认为，《大学》应该是战国时期儒者所作。冯友兰认为《大学》应属于荀子一派。郭沫若认为《大学》是孟子弟子“乐正氏之儒”所作的典籍。胡适、钱穆、徐复观等学者则推测《大学》为秦汉时期儒者的作品。清代学者陈沣等人认为《大学》是汉代人的著作。日本学者武内义雄直接将《大学》断为汉武帝以后的作品。

不过，《大学》与孔子和孔子的弟子有关，一直是主流观点，被很多人接受。特别是近几十年来，随着越来越多的简帛文献出土，可供参考和研究的资料增多，多数学者认为，《大学》应属先秦时期的文献，认识逐步趋于一致。

其实，在唐代以前，《大学》的作者是谁，没有多少学者予以关注，这也说明这一时期《大学》的地位并不很高。到了宋代，情况发生了变化。

北宋大儒程颢和程颐（世称二程、程子）明确表示：“《大学》，孔氏之遗书，而初学入德之门也。”

朱子进一步指出，《大学》的内容，应该分为“经”和“传”两部分，“经”是“孔子之言，而曾子述之”，孔子的言论，传授给了曾子；“传”则是“曾子之意，而门人记之”，曾子的弟子整理了他们对“经”的理解，留传了下来。应该说，朱子的这个判断，并没有实际的文献依据；但他也不是凭空想象，而是通过对儒家经典的精准理解，对孔子思想的系统研究，得出了符合情理的结论。他说：“正经辞约而礼备，言近而旨远，非圣人不能及也。”《大学》的经文部分用语简约但说理完备，语言浅近但意味深远，只有孔子这样的圣人才有这样的高度。“至于传文，或引曾子之言，而又多与《中庸》《孟子》者合，则知成于曾氏门人之手。”传文中引用了很多曾子的言论，而且思想与《中庸》《孟子》是有承续关系的，都属于曾子、子思、孟子这一学派。曾子在孔子弟子中是一个承前启后的重要人物，“虽是做工夫处比颜子觉粗，然缘他资质刚毅，先自把捉得定，故卒传夫子之道。后来有子思、孟子，其传亦永远”。

朱子指出，孔子“继往圣、开来学，其功反而贤于尧舜”，但是，“见而知之者，惟颜氏、曾氏之传得其宗”。只有颜子和曾子得到了孔子的真传。然而颜子早逝，只剩下年少很多的曾子。清代学者崔述指出，“曾子于孔门，年最少而学最纯”。确实，孔子逝后，曾子承担起了弘扬儒学的重任，是最有条件和能

力整理《论语》、撰述《大学》的人，对儒学发展作出了重要贡献，被后世尊为“宗圣”。

孔子一向主张学为“成人”，对弟子们提出“君子儒”的期许。在整部《论语》中，我们看不到他们对具体知识技能的讨论，关注的都是道德伦理的存育和学以成人的目标，“博学于文”，“行己有耻”。这与《大学》所体现的思想是一致的。因此，我们也倾向于认为《大学》是曾子及其门人所作。

四、《大学》与“道统”

西汉学者刘向编纂《别录》时，把《大学》列在“通论”类，视为儒家思想通论性著作。东汉郑玄为其作注，唐代经学家孔颖达为其作疏。郑注孔疏的这个文本，被王阳明称为《大学》“古本”。

魏晋隋唐时期，佛、道思想大兴，注重虚无、无为，很多人纷纷出家，社会经济和伦常秩序受到极大冲击。特别是佛教影响力日益扩大，在加快中国化进程的同时，对儒家学说形成了强大挑战。在这种情况下，唐代大儒韩愈起而振作，在抗衡佛教思想的过程中，利用《大学》《中庸》，建立起影响深远的“道统”说。这种“振作”在方法上其实并不是一味地排斥异端，而是既抗衡佛教，又学习佛教。佛教的经典传习方法和法统传承路径，给了韩愈为代表的儒家学者极大启发，由此提出了儒家的道统谱系，“尧以是传之舜，舜以是传之禹，禹以是传之汤，汤以是传之文、武、周公，文、武、周公传之孔子，孔子传之孟轲。轲之死，不及其传焉”（韩愈《原道》）。不及其传，怎么办？我来传！“使其道由愈（韩愈自称）而粗传，虽灭死，万万无恨。”

（韩愈《与孟尚书书》）

这个任务由韩愈提出，却未由韩愈完成。宋儒认为，“由孟子而后，周、程、张子继其绝，至熹而始著”，周敦颐、二程、张载绍续了道统传承，到了朱子才蔚为大观。

《大学》在宋代开始独立成书。北宋司马光编撰《大学广义》。二程又编次《大学》原文章节，撰出《大学定本》。程颢的编排，主要是把解释“三纲领”的条文前提至“三纲领”下面，凸显了“内圣外王”的整体框架；程颐则将“亲民”解为“新民”，“身有”解为“心有”，进一步理顺了文意。他们的工作极大推动了后世对《大学》的研究和关注。

朱子受二程影响极大，认为孟子之后，接续儒家“道统”的，正是二程。他本人更以极大的担当和自觉，接续二程，反对汉唐过于注重“记诵词章”、重社会而轻人生、重制度而轻人心的弊病，提出心性之学，以“天理人欲”之说转移风气，实现了中国文化的返本开新，使得孔孟之道重新站到思想文化领域的最中心、最顶端。

《大学》的演变过程及其对后世的影响，足以表明一个道理：中华文化是最善于创新性转化、创造性发展的文化体系，“两创”其实本就是中华文化的精神特质，善于以中国固有之文化，应对外来文化之冲击，以“我”为主体，学“他”之所长，兼容并蓄，以成其新，以就其大。由此，形成了以孔子为源、以历代思想家为流的中华文脉。

五、《大学》与朱子

朱子一生对《大学》用力最多，他说：“我平生精力尽在此书。”他甚至于临终前的几天，还在修改章句。

朱子把《大学》《中庸》与《论语》《孟子》合为一体，统称为“四书”。他认为，《大学》是孔子（至圣）和曾子（宗圣）所作，《中庸》是子思（述圣）所作，与《论语》《孟子》一样，都属于圣人的“圣学”体系。他亲自作《四书章句集注》，其中对《大学》《中庸》的注释、解析称为“章句”；对《论语》《孟子》的注解，因为采用了历代学者的观点，所以称为“集注”。《四书章句集注》的成书，标志着“四书”概念的确立；中国最重要的经典，从唐代以前的“五经”，变成了我们今天耳熟能详的“四书五经”。南宋之后，科举考试从“四书”“五经”中出题。由于“五经”体量更大、更加高深，所以体量较小、相对浅易的“四书”，对社会和民众的影响力尤为巨大。

经过朱子的编订，原来的十二个段落被分为两大部分，前三段合在一起称为“经”；后九段重新排列，又补写了一章，共十段，称为“传”；全书共 1877 字（含朱子补写的《传五章》128 字，不含《传五章》“此谓知本”4 字衍文）。其中，“传”十章，“前四章统论纲领旨趣，后六章细论条目功夫”；朱子指出，第五章“乃明善之要”，第六章“乃诚身之本”，最为重要，是初学者的“当务之急”，不可轻忽。

朱子认为，“四书”之中《大学》最重要。学习“四书”的次序应该是：“先读《大学》，以定其规模；次读《论语》，以立其根本；次读《孟子》，以观其发越；次读《中庸》，以求古人之微妙处。”《大学》是修身治学的总纲，具有基础意义。

从朱子对“四书”学习顺序的安排，从《大学》“三纲领”“八条目”的层层推进，可以联想到儒家文化对国人精神世界和社会秩序影响之深。今天，我们注重“四德”教育，也必须理清“个人品德—家庭美德—职业道德—社会公德”的逻辑顺序，没有个人修养，何谈家庭和美？没有家庭美德，如何保证职业道德、社会公德？修齐治平的道理，就是古人给我们留下的宝贵财富。

到目前为止，在历代研究、解释《大学》的著作中，最为系统、影响最大的，仍是朱子的《大学章句》。因此，本书以国家图书馆藏原铁琴铜剑楼旧藏《宋本大学章句》为底本进行分章、注音、注释，并且完全保留了朱子的分段方式，力求更接近朱子章句的原貌。对于一些重要的争议，本书作了介绍，并提出了自己的观点。

导言和章旨部分，引用经典将出处以夹注形式括于引文之后。引用朱子《大学章句》《中庸章句》的文字，则不注出处。参考的古人今人其他著述，以“参考文献”方式列于书末。

jīng yī zhāng

经一章

《大学》的结构是："经一章"，"传十章"。

朱子认为，经一章"盖孔子之言，而曾子述之"。是说孔子把前代圣王所传学术又传给了曾子，曾子于是作《大学》。因为是圣人孔子的话，所以称为"经"，具有神圣意义。这一特点也就将"经一章"与下面的"传十章"区分开来，使其具有总纲性质，也就是开篇所讲的"大学之道"。

纲举而目张，短短205字的一篇经文，总结提炼出儒家思想的基本纲领和具体步骤，即著名的"三纲领""八条目"。

明明德、亲民、止于至善，这是朱子所说的"三纲领"。

首先，"三纲领"是有其逻辑顺序的：先要"明明德"，修养、发扬自身的德性，才有能力、有资格去"亲民"；由近及远、推己及人之后，整个社会才可能达到"至善"的境界。

其次，"三纲领"不是孤立存在的。个人的德性修养，如果不能在"亲民"的过程中有所提高并反诸己身，这样的"明德"将是不全面、不深入的，是处于较低层次的，也是未完成的。所以，三者之间应是相辅相成的关系。

再次，仅仅个人做到"明明德"，并不是儒家的最终追求。因为"老者安之、朋友信之、少者怀之"(《论语·公冶长》)，理想社会的建构，不是靠个人就能完成的。

最后，更重要的是，不论是个人还是社会，对"至善"的追求皆无止境。这个“止”，是“知其所止”的意思，知道自己应该“止于何处”——当然是向“更善”的那个地方去“止”、去居留，然后不断地向“至善”的目标去努力。虽然永远不可能达到极致，但只要有一点点进步，就会安乐于这一点点进步，而又继续去寻求新的进步。

格物、致知、诚意、正心、修身、齐家、治国、平天下，这是朱子所说的“八条目”，是实现“三纲领”的必经路径。明代李卓吾评论《大学》时说：“三纲领处，鸳鸯画出；八条目处，金针度人也。”意思是说，《大学》的作者，不仅仅是拈出了“三纲领”这个高远目标，拿出了鸳鸯绣这幅精美的最终作品，而且指出了“八条目”，传授了完成这幅作品的“金针秘籍”，也就是具体的做法。

如同“三纲领”有本末终始一样，“八条目”也有不可更改的严密次序，从“修己”到“安人”，从“内圣”到“外王”，层层递进。其中，“修身”起到承上启下的作用。

首先是“格物”，对事物本身及其蕴含的是非对错进行探究，使其端正；然后才谈得到“致知”，收获其中的道理和价值判断；在这个基础上才能做到“诚意”；意念既诚，“心”思可“正”。实现了这四个步骤，方可谈论“修身”，于是“内圣”达成。有了“修己”的功夫，才可以做“安人”的事业，从“齐家”做起，再推到“治国”“平天下”，实现“外王”。

关于纲目的划分，历史上也有不同的看法。有人认为，“明明德”和“亲民”其实就是“两纲目”。“明明德”统领“修心”四目：格物、致知、诚意、正心；而“亲民”统领“安人”四目：修身、齐家、治国、平天下；“止于至善”则是一个最终目标。这种划分方法也可以帮助我们从另一个角度理解“大学之道”。

这一章还提出了六个关键词：止、定、静、安、虑、得，与“三纲八目”一样，其逻辑顺序不可颠倒。本章通篇贯穿了“物有本末，事有终始”的深刻道理。

dà xué zhī dào zài míng míng dé zài xīn mín

大学之道①，在②明明德③，在亲民④，

zài zhǐ yú zhì shàn

在止于至善⑤。

zhī zhǐ ér hòu yǒu dìng dìng ér hòu néng jìng jìng ér

知止⑥而后有定，定而后能静，静而

hòu néng ān ān ér hòu néng lǜ lǜ ér hòu néng dé

后能安，安而后能虑，虑而后能得⑦。

wù yǒu běn mò shì yǒu zhōng shǐ zhī suǒ xiān hòu

物有本末⑧，事有终始⑨。知所先后，

zé jìn dào yǐ

则近道矣⑩。

① 大学之道：大学的宗旨。大学，即大人之学、成人之学，其目标是实现人格养成教育、价值观念教育，同时要达到“博学”的境界，也就是“学大艺，履大节”，学习“穷理、正心、修己、治人之道”，为出仕从政、参与社会管理做准备。与“大学”相对的“小学”，则主要学习“洒扫、应对、进退之节，礼、乐、射、御、书、数之文”，是文化教育、礼节教育、基础教育。道，宗旨，纲领。② 在：在于。③ 明明德：彰显生来即有的光明之德。前一个“明”字作使动词用，“使彰明”；后一个“明”字是形容词，明德，指人“本体之明”，认为人天生即有善性，但会被欲望、气质所蒙蔽，需要通过“大学之道”发扬出来。④ 亲民：“亲”就是“新”，即革新、自新。这是程颐的观点，已被大多数学者接受。新民，使人革旧图新、去恶向善。⑤ 止于至善：达到完善的境界。止，不是简单的“到达、停下、留住”，而是到了应到的地方，并坚定地立在此处，朱子说：“必至于是而不迁。”⑥ 知止：知道应该到达哪里。止，这里不是动词，而是名词——所应止、当止之处，也就是“至善”所在之处。⑦ 定、静、安、虑、得：定，志向，“知止”后，心有了方向。静，心静，心有方向，就不会妄动。安，安心，安于所处之地。虑，思虑，能够定、静、安，就可以思虑精详。得，获得，得到“至善”。⑧ 本末：本是根本，末是末梢，即本根与枝叶。明德是本，新民是末。⑨ 终始：从“知止”开始，到“能得”结束，也就是下文的“先后”。⑩ 道：事物的普遍规律，最高的哲学原理。这里指“大学”的宗旨、原则。

古之欲①明明德于天下②者，先治③其国④；欲治其国者，先齐其家⑤；欲齐其家者，先修其身⑥；欲修其身者，先正其心⑦；欲正其心者，先诚其意⑧；欲诚其意者，先致其知⑨；致知在格物⑩。

物格而后知至，知至而后意诚，意诚而后心正，心正而后身修，身修而后

① 欲：想要，希望。② 天下：指古代中国的全部国土。③ 治：治理，管理。④ 国：周代实行分封制，将宗族、功臣分封为王或诸侯，以拱卫天子，其封地就是"国"。⑤ 齐其家：齐，治理、管理并达到齐心协力、和睦美好的效果。家，不仅仅是指自己的家庭、家族，还包括所管理的采地食邑的事务。⑥ 修其身：修养个人的德性。⑦ 正其心：端正自己的心术。朱子说："心者，身之所主也。"⑧ 诚其意：使得意念真诚，心之所发、所思不自欺，归于善。⑨ 致其知：穷尽所能获得的认知。此处的"认知"，不仅指知识技能层面的"认识"，更是指价值伦理层面的"良知"。致，提高，推极，尽力达到最高、最深的境地。⑩ 格物：推究、认识事物的道理而不仅仅是事物的本身，使得人们既要穷尽其理，又能在此基础上归正去恶。将"格物"与"致知"结合起来，我们可以知道，这里强调的不仅仅是知识的获取，更是善恶、是非等价值观念的确立。

jiā qí jiā qí ér hòu guó zhì guó zhì ér hòu tiān xià píng
家齐，家齐而后国治，国治而后天下平。

zì tiān zǐ yǐ zhì yú shù rén yī shì jiē yǐ xiū shēn wéi běn
自天子以至于庶人①，壹是皆以修身为本②。

qí běn luàn ér mò zhì zhě fǒu yǐ qí suǒ hòu zhě bó ér qí suǒ bó zhě hòu wèi zhī yǒu yě
其本乱而末治者，否矣③。其所厚者薄，而其所薄者厚④，未之有也⑤。

①庶人：指平民百姓。不论是天子还是庶人，只要是“人”，都应“成人”；要想“成人”，必须“修身”。②壹是皆以修身为本：全都要以修身为根本。壹，一切，全部。本，根本。③本乱而末治者，否矣：不能从修养自己的德性这个“本”出发，扎实地走好每一步，那么下一个阶段的目标“末”，只能是“否矣”，不可能实现。“本”和“末”，都有具体的语境，在这里，“本”就是修身，“末”就是齐家治国平天下。④其所厚者薄，而其所薄者厚：应珍视的却轻视，应摒弃的却重视。厚，重视。薄，轻视。⑤未之有也：即“未有之也”，没有这样的道理。

zhuàn yī zhāng

传一章

“传”共十章，是用来解释“经”的。朱子认为，这是“曾子之意而门人记之”，曾子得到孔子的传授，将其中真意表述出来，由其弟子整理成书。传文的旧本，也就是《大学》的古本，经程子改定后，形成目前的次序，共1544字（不含朱子补写的《传五章》的128字及“此谓知本”4字衍文）。

朱子称此章为“传之首章，释明明德”，共26字。从《传一章》至《传三章》的“止于信”这部分内容，《礼记》中原文在《传三章》的“没世不忘”的后面，朱子认为那种编排有误，调整为紧接经文。

《大学》的作者没有用一句自己的话，而是选了《尚书》中的三句话来解释“明明德”，这就是朱子所说的“杂引经传”的解读法，好像没有章法，却又“文理接续，血脉贯通，深浅始终，至为精密”。其实，自孔子整理“六经”开始，就有了“述而不作”的传统。看似只述不作，其实寓作于述。能够对经典进行整理、编选，必须要懂得经典，深切体会经典的价值，以此彰显整理者、编选者的眼光。正因如此，经典才会常读常新。一代又一代儒者，通过“传”“笺”“注”“疏”等形式对以“六经”为主体的历代典籍进行接力解读，既传承了先人的智慧，更结合时代需要，注入了自己的心得，使得中华经典永远保持鲜活的生命力。

“明德”，“明命”，“峻德”，其意一也。朱子认为，每个人都有“天”所赋予的“明德”，“本体之明，则有未尝息者”，这一点“明德”其实一直存在于我们心中，如一点火种，始终没有熄灭。只是这点火种被各种欲望遮蔽了，必须通过自己的研习修行，使其“发而遂明之”，也就是抑制“人欲”，彰明“天理”。一言以蔽之，“皆自明也”。

kāng gào　　yuē　　kè míng dé
《康诰》①曰："克明德②。"

tài jiǎ　　yuē　　gù　shì　tiān zhī míng mìng
《大甲》③曰："顾④諟⑤天之明命⑥。"

dì diǎn　　yuē　　kè míng jùn dé
《帝典》⑦曰："克明峻德⑧。"

jiē zì míng　yě
皆自明⑨也。

①《康诰》:《尚书·周书》中的一篇，周公以周文王为例子来教育康叔。《尚书》又名《书》《书经》，孔子收集整理了唐、虞、夏、商、西周的政治文告和历史资料，成为后世儒家"五经"之一。②克明德:(文王)能够培养、发扬德性。克，能。③《大甲》:即《太甲》,《尚书·商书》中的一篇，记录了伊尹告诫商王太甲的言辞。④顾:顾念，常思常想。⑤諟:是，此。⑥明命:上天赋予的光明德性。⑦《帝典》:即《尧典》,《尚书·虞书》中的一篇，记录了尧、舜的事迹。⑧克明峻德:《尧典》原文为"克明俊德"。"俊"与"峻"通，大，崇高。⑨皆自明:都是发扬自己本性中的"明德"。皆，都，指以上所引三文表达的意思。

zhuàn èr zhāng 传二章

朱子称此章为“传之二章，释亲民”，共40字。同《传一章》一样，本章也是以“杂引经传”的方法，来解释“亲民（新民）”之意。

新民先要新己。商汤以沐浴来比喻：沐浴之后，人的身体焕发一新；既已洁净，就不想再返回脏污的状态；所以应该天天沐浴，永远保持洁净的面貌。这其实与所谓“破窗效应”异曲同工：一栋建筑，如果窗户破了却长时间不去修整，大概率会被破坏得更加严重，甚至会影响到一面墙乃至整座建筑。进德修业同样如此，“日新”不可中断，而应持之以恒。

如果说“明明德”是“内圣”的功夫，“新民”就是“外王”的开始。君子明德自新，只算完成了“新”的一部分任务，还要推己及人，影响民众，“作新民”。

如果一个国家、一个民族，都能做到自觉、自新、自强，那么古老悠久的历史，非但不会成为前进的负担，反而会转化为强大的力量。中华文明正是在这种力量的推动下，走到今天，走向未来。这就是“周虽旧邦，其命惟新”。

需要注意的是，王阳明认为，“亲”就是“亲爱”的“亲”，“亲民”就是“仁民”。他把由东汉郑玄、唐代孔颖达作注疏的《大学》原本称为“古本”；“古本”从来没有“新民”的说法，直到北宋才有此新解。王阳明的理解有他自己的理路，可备一说。

tāng zhī pán míng yuē gǒu rì xīn rì rì xīn yòu rì xīn

汤①之《盘铭》②曰："苟日新③，日日新，又日新。"

kāng gào yuē zuò xīn mín

《康诰》曰："作新民④。"

shī yuē zhōu suī jiù bāng qí mìng wéi xīn

《诗》曰⑤："周虽旧邦⑥，其命惟新⑦。"

shì gù jūn zǐ wú suǒ bú yòng qí jí

是故⑧君子⑨无所不用其极⑩。

① 汤：又称成汤、商汤，是商朝的开国君主，推翻了无道之君夏桀的统治，是儒家所推崇的古代"圣王"之一。② 盘铭：刻在盘上的铭文。盘，用来盥洗、沐浴的器具。铭，铸刻在器物上用来记录铸物缘起或者提示自省的文字。③ 苟日新：苟，假如，果真。新，沐浴后使身体焕然一新。身体洗干净了，就不想使其再受玷污。同样道理，通过提高自我修养，去恶向善，就不想再返回恶的境地。故应持之以恒，不断弃旧图新，焕发精神。④ 作新民：激励民众振作精神。作，振作。这个"作"字可以佐证程颐"亲民"当为"新民"的观点，是"激励"民众去旧从新、振作自新，而不是"亲近"民众。⑤《诗》曰：《诗经》是我国最早的一部诗歌总集，收录了周初至春秋时期的诗歌，孔子进行了精心整理删定，共三百零五篇，被后世儒家列为"五经"之一。此句出自《诗经·大雅·文王》，歌颂周朝的奠基人文王。⑥ 周虽旧邦：周王朝从后稷到文王已有一千多年历史，所以说是"旧邦"。⑦ 其命惟新：命，天命。惟，语气词。新，革新。一个千年旧邦，能够以弱胜强，推翻商朝的残暴统治，就是因为文王能自新其德，获得天命，并将其德性推及广大民众。⑧ 是故：因此。⑨ 君子：本意是"君之子"。天子、王侯、卿大夫等有管理职能的执政者，都称为"君"。君之子要接君之位，必须德才兼备，德配其位。所以，君子就是指的执政者、管理者。后来，引申为品德高尚的人。这里用的是君子的本意。⑩ 无所不用其极：君子不论何时何地何事，都要努力达到"至善"境界。无所，无处。极，本意指房屋中最高处的房梁，引申为最高、最好、最完善。

zhuàn sān zhāng
传三章

朱子称此章为“传之三章，释止于至善”，共203字。旧本自引《淇澳》诗以下至“此以没世不忘也”一段，在“诚意章”之下，朱子梳理文意，调整到此处。

本章引《诗经》和孔子的话来说明“止于至善”的道理。短短几段话，至少从四个层面切入论证，可谓面面俱到。

先说“止”。“物各有所当止之处”，鸟儿都知道选择宜于栖息之地，人更是向往能够安居乐业的处所。实现安居，需要“知其所止”。这个“止”，既是在说“安居”的地方，也是在说“选择”安居的地方；既是一个当前的状态，也是达到这种状态的能力和过程，还是对下一个更好状态、更高目标的追求姿态。我们知道，孔子有一篇可谓至为精短的“个人传记”，只有38个字，说尽了他宏阔的一生：“吾十有五而志于学，三十而立，四十而不惑，五十而知天命，六十而耳顺，七十而从心所欲不逾矩。”（《论语·为政》）孔子少年时的“志于学”，是他此后五个人生阶段的起点；每一个人生阶段，都是通过努力达到的一个新层次；既要安乐于人生奋斗得来的新面貌，又要以此为新的起点，向下一个更高的阶段进发。也就是说，每一个“所止”，都是选择的结果，都反映了拼搏的效果，也都对下一个新成果的取得奠定了基础。“止”，就是知道如何“止”，就是要安于所“止”，就是要“不

止”。最高的止境，就是没有止境。

次说“善”。“至善”是人的德性能够达到的完美境界。崇高的“至善”需要具体的修养来实现，所以这里列举了社会人生中至关重要的几组关系：“君臣”“父子”和“朋友”相交，并阐释了这些关系中蕴含的基本操守。很多人在理解“君为臣纲，父为子纲，夫为妻纲”时，往往误解为是要求臣服从于君，子服从于父，妻服从于夫。造成这种误解的原因就是没有好好研读《大学》。这里说得很清楚，君之所以可为臣纲，是因为君要做到“仁”；既然君为臣纲，那么君就要履行好君的义务，为臣作好表率，以其仁德施于百姓。同样道理，臣要敬业严谨，子女要孝敬父母，父母要慈爱子女，每个人都应做到诚信待人。在每一个人都能修己进德的基础上，将其善性发扬并影响周围的人，整个社会向“至善”的理想而“止”，皆得其所。

再说进德修业之法。如何知其所止？如何达于至善？只能靠切磋琢磨。不论是严谨庄重的意志、显赫盛大的权威，还是盛德至善的境界，都需要靠艰毅的努力、反复的研习才能实现，舍此别无他途。

最后就点出了中华文明“连续性”的特质：前人已经为后人作出了表率；而后人的努力，又将为子孙后代贡献福祉，“此以没世不忘也”。

shī yún bāng jī qiān lǐ wéi mín suǒ zhǐ
《诗》云①：“邦畿②千里，惟民所止③。”

shī yún mián mán huáng niǎo zhǐ yú qiū yú zǐ yuē yú zhǐ zhī qí suǒ zhǐ kě yǐ rén ér bù rú niǎo hū
《诗》云④：“缗蛮⑤黄鸟，止于丘隅⑥。”子曰：“于止⑦，知其所止⑧，可以⑨人而不如鸟乎！”

shī yún mù mù wén wáng wū jī xī jìng zhǐ wéi rén jūn zhǐ yú rén wéi rén chén zhǐ yú jìng wéi rén zǐ zhǐ yú xiào wéi rén fù zhǐ yú cí
《诗》云⑩：“穆穆文王⑪，於缉熙敬止⑫！”为人君，止于仁；为人臣，止于敬；为人子，止于孝；为人父，止于慈；

①《诗》云：此句出自《诗经·商颂·玄鸟》，宋国君臣歌颂其商族祖先高宗武丁。② 邦畿：国都及其周围直属天子的区域，也称为“王畿”。③ 惟民所止：民众向往的安居乐土。止，经过选择而确定的居住之处。④《诗》云：此句出自《诗经·小雅·绵蛮》，描述饱受行役之苦、渴望得到帮助的人。⑤ 缗蛮：同“绵蛮”，黄鸟的鸣声。⑥ 丘隅：山丘幽深林茂处。⑦ 于止：对于选择居住（栖息）之处（这件事）。⑧ 知其所止：知道自己应该止于何处，择善而居。⑨ 可以：何以。黄鸟都知道要选择好的处所居住，人难道连小鸟都不如吗？止，在这里不仅是说选择居住的场所，更强调君子应该保持在“善”的状态，追求“至善”的目标。⑩《诗》云：此句出自《诗经·大雅·文王》。⑪ 穆穆文王：形容文王庄重深远的道德、仪容和美的样貌。⑫ 於缉熙敬止：於，表示赞叹的语气词。缉熙，光明。敬止，圣人持敬而安所居止，故可达于至善。

yǔ guó rén jiāo zhǐ yú xìn
与国人交，止于信①。

shī yún zhān bǐ qí yù lǜ zhú yī yī
《诗》云②：“瞻③彼淇澳④，菉竹猗猗⑤。
yǒu fěi jūn zǐ rú qiē rú cuō rú zhuó rú mó sè
有斐⑥君子，如切如磋⑦，如琢如磨⑧。瑟
xī xiàn xī hè xī xuān xī yǒu fěi jūn zǐ zhōng bù
兮僩兮⑨，赫兮喧兮⑩。有斐君子，终不
kě xuān xī rú qiē rú cuō zhě dào xué yě rú zhuó
可谊兮⑪。”如切如磋者，道学⑫也；如琢
rú mó zhě zì xiū yě sè xī xiàn xī zhě xún lì yě
如磨者，自修⑬也；瑟兮僩兮者，恂慄也⑭；
hè xī xuān xī zhě wēi yí yě yǒu fěi jūn zǐ zhōng bù
赫兮喧兮者，威仪也。有斐君子，终不

① 作为人君、人臣、人子、人父和朋友，每个人都有“止”的要求。儒家认为，人来到世间，从一个自然的人，通过教化，成为一个社会的人，都要承担起应有的责任。这里指出，作为君主，“仁爱百姓”是他的权利，更是他的义务。同样道理，“敬业”对于每一个管理者，“孝敬”对于每一个为人子女者，“慈爱”对于每一个为人父母者，“诚信”对于每一个与人交往者，都是应“止”之“善”。国人，指居住在城邑或近郊地区的人，在赋税、教育、政治等方面享有权利，承担兵役等义务；与“国人”相对而言的“野人”，则居住在远离城邑的地方，不承担上述义务，也不享有相关权利。②《诗》云：此句出自《诗经·卫风·淇澳》，赞美卫国国君卫武公。③ 瞻：远望。④ 淇澳：淇，淇水，卫国境内的一条河，在今河南省北部。澳，水边转弯处，《诗经》原文作“奥”。⑤ 菉：通“绿”，《诗经》原文作“绿”。猗猗：美好茂盛的样子。⑥ 斐：文雅而富有才华。⑦ 如切如磋：如同对骨角进行切割磋制一样。⑧ 如琢如磨：如同对玉石进行雕琢打磨一样。以对骨角、玉石进行切、磋、琢、磨，比喻君子修身治学需益致其精、渴求至善。⑨ 瑟兮僩兮：瑟，细密严谨而庄重。僩，威武刚毅而强大。⑩ 赫兮喧兮：显赫而盛大，显著而光明。⑪ 谊：忘怀。⑫ 道学：讲述学问。道，讲述，研习。⑬ 自修：修养自己的德性。⑭ 恂慄：谨慎戒惧的样子。

kě xuān xī zhě dào shèng dé zhì shàn mín zhī bù néng wàng yě
可谊兮者，道①盛德至善②，民之不能忘也。

shī yún wū hū qián wáng bú wàng jūn zǐ xián qí xián ér qīn qí qīn xiǎo rén lè qí lè ér lì qí lì cǐ yǐ mò shì bú wàng yě
《诗》云③："於戏④！前王不忘⑤。"君子贤其贤而亲其亲，小人乐其乐而利其利⑥，此以没世⑦不忘也。

①道：说，所说的。②盛德至善：盛大的德行，至善的境界。如切如磋研习学问，如琢如磨养性修身，严谨庄重敬业尽责，威仪爽朗待人接物，这样一个君子，终不会被人们忘怀。③《诗》云：此句出自《诗经·周颂·烈文》，是周成王即位后祭祀祖先时诫勉诸侯的诗。④於戏：同"呜呼"，感叹词。⑤前王不忘：不要忘记（周文王、周武王等）前代圣王。⑥"君子"句：君子（执政者）以前王为榜样，尊重（第一个"贤"）贤德的人（第二个"贤"），亲近（第一个"亲"）自己的亲人（第二个"亲"）；小人（平民百姓）享受（第一个"乐"）前王创造的安乐（第二个"乐"），得利（第一个"利"）于前王为人们创造的利益（第二个"利"）。⑦此以：因此。没世：已经去世，这里指永远。

zhuàn sì zhāng

传四章

朱子称此章为“传之四章，释本末”，共30字。旧本误在“止于信”之下。

此章征引《论语·颜渊》中孔子的话，论证“知本”的重要性，以及“本”与“末”的区别。

《大学》全篇其实都是基于“本”与“末”的逻辑关系来层层论证的。“明明德”是本，“新民”是末；“修身”是本，“齐家”“治国”“平天下”是末。实现“明明德”，需要“格物”“致知”“诚意”“正心”这些根本；实现“亲民”，需要“齐家”“治国”“平天下”这些根本；而要达到最高境界，实现“止于至善”，则需要“修身”这个根本。所以说，“自天子以至于庶人，壹是皆以修身为本”。

汉代贾谊在《治安策》中说：“夫礼者禁于将然之前，而法者禁于已然之后，是故法之所用易见，而礼之所为生难知也。”德礼在生活中虽然不像法理表现得那么明显，但是能起到法律起不到的作用，那就是将犯罪行为消灭在发生之前。道德主内，法律主外；道德治本，法律治标；道德扬善抑恶，法律扬善惩恶。正如孔子所说：“道之以政，齐之以刑，民免而无耻；道之以德，齐之以礼，有耻且格。”(《论语·为政》)如果只用法律与行政手段去约束，民众即使免于犯罪，但却没有是非之心；如果教化民众，使其心中都拥有天理道德，自然就知所敬畏，归于正道，也就不会犯法致罪。

这些道理仅仅是理论上的东西吗？在治国理政中有实际作用吗？其实，孔子早就理论与实践相结合，给我们做出了示范。他第一次出仕从政，担任的是“中都宰”这一官职，就是“中都”这个地方（今山东汶上）的行政长官。上任之后，孔子制定“养生送死之节”，使得人们生有保障、死得安葬；“长幼异食”，在物质条件不丰富的情况下，特别关照老人和孩子；“强弱异任”，按照人们能力的大小来安排不同难度的工作；安定秩序，使得“路无拾遗”；提倡节俭，反对铺张浪费。以前常有贩羊的商人每天早上多给羊饮水以增加重量，有卖牛马的商人哄抬物价，违反法律规定和公序良俗的现象有很多。孔子施政之后，这些现象全都消失了，“设法而不用，无奸民”，虽有法律，但根本不会动用，因为风俗纯美，“男尚忠信，女尚贞顺”，没有作奸犯科之人，四方宾客来到这里就像回家一样自在。做到这一切，孔子只用了一年多时间。“四方诸侯皆则焉”，周边的诸侯国都纷纷前来学习。鲁定公问孔子，你用这种施政方法治理好了中都，那么用这方法治理鲁国行不行？孔子自信地回答：“虽天下可乎！”（《孔子家语·相鲁》）治理整个天下都没问题！

这就是抓住根本，以“明德”来“新民”的道理。

zǐ yuē tīng sòng wú yóu rén yě bì yě shǐ
子①曰："听讼②，吾犹人③也，必也使

wú sòng hū wú qíng zhě bù dé jìn qí cí dà wèi
无讼乎！"无情者④不得尽其辞⑤。大畏

mín zhì cǐ wèi zhī běn
民志⑥，此谓知本⑦。

① 子：孔子。古籍中，凡不称姓直接称"子"的，一般指孔子，这是孔夫子在中国文化中至高地位的反映。② 听讼：听取诉讼，审理案件。讼，诉讼，打官司。③ 犹人：如同别人一样。犹，如同。④ 无情者：没有真实情状的人。⑤ 尽其辞：无所顾忌地表达虚假言辞。朱子说："使无实之人不敢尽其虚诞之辞。"⑥ 大畏民志：使得民众（对天理、对道德）有充分的敬畏之心。大，充分，足够多。畏，敬畏。⑦ 本：根本道理，治本之道。

zhuàn wǔ zhāng

传五章

朱子称此章为“传之五章，盖释格物、致知之义”，共134字（不含“此谓知本”4字衍文）。

本章旧本原在经文之下，朱子认为这一章应该是解释“八条目”中“格物、致知”的，因为其他条目在传文中各有对应，仅这两个条目有缺，所以将其列为“传之五章”。但整章中除“此谓知之至矣”6字外，都已失传，于是朱子按照程子的思路，给这一章作了128字的“补传”。既然是朱子亲自所作，当然就准确地反映了他的完整认识论。

格物、致知是“八条目”的起点，乃“明善之要”，地位非常特殊，但历代的分歧也非常巨大。明末刘宗周指出：“格物之说，古今聚讼有七十二家。”这里介绍有代表性的几家。

东汉郑玄的“来物说”：格，就是“来”，招来；物，就是“事”；善事会随你知善行善而来，恶事会随你知恶行恶而来。直白地说，就是善恶有报的意思。

唐代李翱的“复性说”：人性皆善，而喜、怒、哀、惧、爱、恶、欲这“七情”会惑其性；虽然“情”也有善的成分，但总体上性与情是对立的。格物致知就是“灭情复性”。

北宋司马光的“捍御说”：由于受物欲所诱所迫，人们才不能成为圣贤，所以格物就是抵御外物的影响，这样才能“知至道”。

南宋朱子的“穷理至极”说：格就是“至”，极致；物就是“事”，事理；所以格物就是“穷治事物之理”，接触万事万物，探究其中最终的道理。然而，天下万物的道理是没有穷尽的，因此，人们灵动的认知（人心之灵）同样是没有尽头的。随着对未知事理的探求，人的认知能力也会不断提升，终有一天会发生质变，“豁然贯通”。此时，我们心灵的本体（明德）和功用（亲民）也会焕发一新。

明代王阳明的“正心说”：物就是“事”，内心的意念必是因“事”而发；意念所在的“事”就是“物”。所以，“事”比“物”重要。既然重点在“事”不在“物”，那么，“格”的意思就不是“至”，不是穷治其中之“物理”，而是“正”其事，“正其不正以归之于正”。对于“物理”来说，对应的是知识和客观规律；而对于“事情”来说，对应的就是善恶和价值判断——这正是王阳明著名的“致良知”思想的起点。

朱子和王阳明的解读对后世影响最大。综合二人的观点，“格物致知”就是通过对客观事物的理解，得出规律性的认知，将“物”与“我”、客观与主观统一起来，达到收获知识、唤醒良知的目的。

cǐ wèi zhī běn
（此谓知本①。）

suǒ wèi zhì zhī zài gé wù zhě yán yù zhì wú zhī
所谓致知在格物者②，言欲致吾之
zhī zài jí wù ér qióng qí lǐ yě gài rén xīn zhī líng
知，在即物③而穷其理也。盖人心之灵
mò bù yǒu zhī ér tiān xià zhī wù mò bù yǒu lǐ wéi yú
莫不有知，而天下之物莫不有理，惟于
lǐ yǒu wèi qióng gù qí zhī yǒu bú jìn yě shì yǐ dà
理有未穷，故其知有不尽也。是以《大
xué shǐ jiào bì shǐ xué zhě jí fán tiān xià zhī wù mò bù
学》始教，必使学者即凡天下之物，莫不
yīn qí yǐ zhī zhī lǐ ér yì qióng zhī yǐ qiú zhì hū qí
因其已知之理而益穷之，以求至乎其
jí zhì yú yòng lì zhī jiǔ ér yí dàn huò rán guàn tōng yān
极。至于用力之久，而一旦豁然贯通焉，
zé zhòng wù zhī biǎo lǐ jīng cū wú bú dào ér wú xīn
则众物之表里④精粗⑤无不到，而吾心
zhī quán tǐ dà yòng wú bù míng yǐ cǐ wèi wù gé cǐ
之全体大用⑥无不明矣。此谓物格⑦。此
wèi zhī zhī zhì yě
谓知之至⑧也。

① 此谓知本：程颐、朱子都认为此句是衍文，与《传四章》最后一句重复，当删。② 这一章除“此谓知之至也”一句外，都已失传。从“所谓致知在格物者”到“此谓物格”共128字，是朱子补作。③ 即物：接触事物，体会事物。④ 表里：现象与本质。⑤ 精粗：精微与粗浅。⑥ 全体大用：全体，全面的本体，即“明德”，有了这个“体”，则“心具众理”，可指导行事。大用，巨大的功用，可“应万事”，用来应对世间万事万物。⑦ 物格：事物的原理被探知。⑧ 知之至：认知之极致，最高境界。

zhuàn liù zhāng

传六章

朱子称此章为“传之六章，释诚意”，共118字。他认为“诚意”乃“诚身之本”，所以本章与上一章的“明善之要”，都是“初学尤为当务之急”的重要内容，是“八条目”中的关键所在。明代李卓吾就说：“《大学》枢要全在此。”王阳明也认为，《大学》之道，“诚意”而已。

“诚意”之所以是“自修之首”“进德之基”，是因为如果“心体不明”，修养不到家，做不到“明明德”，心中的意念就不可能真实。反过来，意念不诚则不实，当然也就不可能提升修养，真正实现“明明德”——“诚意”与“明德”实为一体，是分不开的。只有做到既不欺人，更不自欺，就像人们“好好色，恶恶臭”一样发自本心，出自本能，心安理得，才能使得“意念所发”能够“实用其力”，抵御诱惑时坚不可摧，用于进取时摧枯拉朽。

如何做到“诚意”？《大学》首次提出了“慎独”的概念，对此后的中国文化影响深远。慎独，就是一人独处的时候，仍然真诚对待自己，谨慎，笃实，不苟且。

独处，当然不是在人前，而是在人后。君子在独自一人的时候，仍然能做到诚信自守。这与“小人”的表现形成鲜明对比，他们在人前人后两种样子，人前伪善，甚至比君子还像君子。这不是“诚于中，形于外”，而是“伪于中，形于外”，这种伪装早晚会被人看穿。能够做到无人独处时内外一致，真实不苟，既是修养成“明明德”的手段，也是达到“明明德”后的必然结果。

从“人我之分”的角度来理解，独处的“独”，指的是无人的环境；而从“内外一致”的角度上来理解，“独”就是独自面对自己，面对内心。私欲总是藏在心里的，只有自己知道，这是自己在这个世界上最大的秘密。能够真诚面对自己，反省在道德和修养上的不足，克私欲，不自欺，才是自觉、自知、内外统一的“诚”和“善”，才是惊心动魄之后的“弥天大勇”，才能真正走向“明明德”。

我们读《论语》可以发现，孔子本人是勇于并善于面对内心的。“三人行，必有我师焉。择其善者而从之，其不善者而改之”（《论语·述而》），“吾未见好德如好色者也”（《论语·子罕》），这是从“人我之分”的角度检视自己；“见贤思齐焉，见不贤而内自省也”（《论语·里仁》），“吾未见能见其过而内自讼者也”（《论语·公冶长》），则是从“内外一致”的角度“自省”，反省自己，甚至“诉讼、审判”自己。孔子弟子之中，成就最大的都是善于自我反省的，比如经常“退而省其私”的颜子，每天“三省吾身”的曾子，他们都做好了“慎独”的功夫。

本章中第一次引用了曾子的话。曾子以孝与敬慎为宗旨，这应该也是朱子断定《大学》为曾子所作的理由之一。

suǒ wèi chéng qí yì zhě wú zì qī yě rú
所谓诚其意①者，毋②自欺③也。如
wù è xiù rú hào hǎo sè cǐ zhī wèi zì qiè gù
恶恶臭④，如好好色⑤，此之谓自谦⑥。故
jūn zǐ bì shèn qí dú yě
君子必慎其独⑦也！

xiǎo rén xián jū wéi bú shàn wú suǒ bú zhì jiàn jūn
小人闲居⑧为不善，无所不至，见君
zǐ ér hòu yǎn rán yǎn qí bú shàn ér zhù qí shàn
子而后厌然⑨，掩⑩其不善，而著⑪其善。
rén zhī shì jǐ rú jiàn qí fèi gān rán zé hé yì yǐ cǐ wèi
人之视己，如见其肺肝然，则何益矣？此谓
chéng yú zhōng xíng yú wài gù jūn zǐ bì shèn qí dú yě
诚于中⑫，形于外⑬。故君子必慎其独也。

zēng zǐ yuē shí mù suǒ shì shí shǒu suǒ zhǐ qí
曾子曰：“十目所视，十手所指，其
yán hū
严⑭乎！”

① 诚其意：使其意念真诚。② 毋：不可，表示禁止。③ 自欺：自己对自己不诚。这里有两层含义：一是明知道应向善而行，却不能真正去实施；二是不能决心向善而行，却又不能面对自己内心的犹豫。④ 恶恶臭：厌恶污秽的气味。前一个“恶”是厌恶的意思，后一个“恶”是不好的、污秽的意思。臭，气味。⑤ 好好色：喜爱美色。前一个“好”是喜爱的意思，后一个“好”是美好的意思。恶恶臭，好好色，是人的自然本性，我们应该真诚面对。⑥ 谦：通“慊”，满足，快意。⑦ 慎其独：独处时保持敬慎、不苟。自己独处，隐秘自知，此时应“诚其意”，不“自欺”。⑧ 闲居：独处。⑨ 厌然：掩藏，躲闪。⑩ 掩：隐藏。⑪ 著：标榜，显示。⑫ 中：内心。⑬ 外：外表。⑭ 严：严峻，可畏。

富润①屋，德润身，心广体胖②。故君子必诚其意。

① 润：滋润，加惠。② 心广体胖：心胸宽广开阔，身体安泰舒适。

zhuàn qī zhāng

传七章

朱子称此章为“传之七章，释正心修身”，共72字。

“心”是中国哲学的重要范畴。但是，这里讨论的“心”，重点在于“正心”，在于“心”的功用，所以主要是从情感和认知角度进行论证。

人都有七情六欲，本章列举了四种重要的情感：一是愤怒，二是恐惧，三是爱好，四是忧患。朱子认为，这四种情感，都是“心”的主要功用表现，是每一个人都不能没有的。一方面，如果受欲望和情绪所左右，使“心有不存”，也就是邪念入心，心术不端，“则无以检其身”，无法用“正心”来检视自己，实现进德修身。另一方面，如果受欲望和情绪的影响，使得本应沉静、端正的“心”失去常态，就无法保持认知清醒和是非判断，在这种情况下，连正确处理具体的事务都做不到，更谈不到提升修养了。

其实，“正心”并不是要通过修炼来消除这些情感，那是不可能做到的；如果真的做到了，那是更加可怕的。一个连愤怒和恐惧都不会的人，一个连兴趣爱好都没有的人，一个连忧患同情都缺乏的人，还是人吗？大是大非面前，当怒则怒，所以面对季氏“八佾舞于庭”（以天子的礼制在家中演舞），“旅于泰山”（只有天子才能祭泰山），孔子发出“是可忍也孰不可忍也”“曾谓泰山不如林放乎”的怒斥（《论语·八佾》）；根本原则面前，有恐惧才有勇气，所以面对“苛政猛于虎”（《礼记·檀弓下》）的暴政，想到“学如不及，犹恐失之”（《论语·泰伯》）的后果，孔子感到了由衷的恐惧；有爱好才有动力，所以孔子学习音乐才有“三月不知肉味”（《论语·述而》）的沉溺，才有“乐山乐水”（《论语·雍也》）的感慨；想到国家民族的前途，孔子当然会有“久矣吾不复梦见周公”（《论语·述而》）、“天下无道久矣，莫能宗予”（《史记·孔子世家》）的忧患。这是大丈夫的喜怒忧惧，所以孔子说：“唯仁者能好人，能恶人。”（《论语·里仁》）只有达到“仁”的境界的人，也就是达到“明明德”境界的人，才能不受邪辟情感的影响，秉持“端正之心”，正确地评价他人、看待世界。这个“端正之心”，就是孟子所说的恻隐之心、羞恶之心、辞让之心、是非之心。

“身有”中的“身”，程子和朱子都释读为“心”，很多学者都认同。但也有观点认为，这个“身”就是“身体”，因为如果一个人“心不得其正”，他的情绪一定会在身体上表现出来。

suǒ wèi xiū shēn zài zhèng qí xīn zhě shēn yǒu suǒ fèn zhì zé bù dé qí zhèng yǒu suǒ kǒng jù zé bù dé qí zhèng yǒu suǒ hào yào zé bù dé qí zhèng yǒu suǒ yōu huàn zé bù dé qí zhèng

所谓修身在正其心者，身①有所忿懥②，则不得其正；有所恐惧，则不得其正；有所好乐③，则不得其正；有所忧患，则不得其正。

xīn bú zài yān shì ér bú jiàn tīng ér bù wén shí ér bù zhī qí wèi

心不在焉④，视而不见，听而不闻，食而不知其味。

cǐ wèi xiū shēn zài zhèng qí xīn

此谓修身在正其心。

① 身：程颐认为“身”当作“心”，朱子认同他的说法。② 忿懥：愤怒。③ 好乐：喜爱，喜欢得不得了。④ 心不在焉：心不在正常的状态之中。焉，代词，这里，其中。

zhuàn bā zhāng

传八章

朱子称此章为“传之八章，释修身齐家”，共96字。

修身之所以重要，是因为格物、致知、诚意、正心的目的就是修身，而修身也正是格物、致知、诚意、正心的结果；同时，修身也是接下来齐家、治国、平天下的前提和基础。

这一章的关键词无疑是“辟”。对于“辟”的理解，历来有所争论。

郑玄认为，“辟”就是“譬”，是“譬喻”的意思——换位思考，看到别人身具美德，所以亲爱他；看到别人“志行薄（弱）”，所以怠慢他。这种解读，把重点放在对“亲爱”“贱恶”“畏敬”“哀矜”“敖惰”的反躬自省上，使自己“见贤思齐焉，见不贤而内自省也”。

朱子的观点流传最广。他认为，“辟”就是“僻”，是“偏爱”“偏向”“偏私”的意思。“亲爱”“贱恶”“畏敬”“哀矜”“敖惰”在每个人身上都有，如果不加强修身，不审慎对待，放纵起来，就会“陷于一偏”，不得其正。因为，喜爱一个人而又能看到他的缺点，厌恶一个人而又能看到他的优点，这样的人天下是很少的。

在与弟子们谈论如何“辨惑”这个问题时，孔子指出，极度的喜爱和极度的厌恶，都容易造成迷惑。比如，对于一个人，

“爱之欲其生，恶之欲其死。既欲其生，又欲其死，是惑也”（《论语·颜渊》）。你喜爱他的时候就希望他长寿，同样是这个人，你厌恶他的时候就恨不得他马上去死，这不就是“惑”？“一朝之忿，忘其身，以及其亲，非惑与？”（《论语·颜渊》）因为一时的意气之争，忘记自身的安危，还影响到父母亲人，这不就是“惑”？

好恶不能简单二分，不能走向极端，因为每个人身上都既有优点，也有缺点，所以对待事物应该“好而知其恶，恶而知其美”，避免溺爱，更避免贪婪之心。

suǒ wèi qí qí jiā zài xiū qí shēn zhě rén zhī qí suǒ
所谓齐其家在修其身者，人之①其所
qīn ài ér pì yān zhī qí suǒ jiàn wù ér pì yān zhī
亲爱而辟②焉，之其所贱恶③而辟焉，之
qí suǒ wèi jìng ér pì yān zhī qí suǒ āi jīn ér pì yān
其所畏敬而辟焉，之其所哀矜④而辟焉，
zhī qí suǒ ào duò ér pì yān gù hào ér zhī qí è wù
之其所敖惰⑤而辟焉。故好而知其恶⑥，恶
ér zhī qí měi zhě tiān xià xiǎn yǐ
而知其美⑦者，天下鲜⑧矣。

gù yàn yǒu zhī yuē rén mò zhī qí zǐ zhī è mò
故谚⑨有之曰："人莫知其子之恶，莫
zhī qí miáo zhī shuò
知其苗之硕⑩。"

cǐ wèi shēn bù xiū bù kě yǐ qí qí jiā
此谓身不修，不可以齐其家。

①之：于，对于。以下4个"之"字意同。②辟：同"僻"，偏爱，偏私。③贱恶：轻视，厌恶。④哀矜：哀怜，同情。⑤敖惰：敖，通"傲"，傲视。惰，怠慢。⑥好而知其恶：好，喜好。恶，缺点。⑦恶而知其美：恶，厌恶。美，优点。⑧鲜：少。⑨谚：俗语。⑩硕：壮大。

zhuàn jiǔ zhāng

传九章

朱子称此章为“传之九章，释齐家治国”，共271字。

先秦时期的“家”与现代的含义不同，指的是卿大夫所管理的封地采邑。所谓“有国有家者”，“有国者”就是王公诸侯，一国之君；“有家者”就是封地的所有者，一家之长。不过，长幼有序、孝亲敬长的伦理，与我们今天所理解的家庭、家族有相通之处，道理是一样的。

“齐家”是“修身”的结束，是“治国平天下”的开始。为什么齐家可以跟治国联系起来呢？因为当时的政治结构融合了三种原则：一是“亲亲”，以血缘关系区分远近；二是“尊尊”，使这种亲疏远近的关系同时也体现为政治上、地位上的等级差别；三是“贤贤”，社会的治理不能只靠“亲亲”“尊尊”，贤能者治国有道，是需要依靠的另一群体。当然，“贤贤”在一定时候还可以表述为“尊贤”，与“尊尊”有相通之处。正如孔子所说：“仁者，人也，亲亲为大；义者，宜也，尊贤为大。”（《中庸》第二十章）

孝悌之道体现的是最根本的人性。这种人性中，最重要的两种情感是“爱”和“敬”。前者源于“亲亲”之情，后者则出于“尊尊”之义。有人问孔子，你为什么不出仕为政呢？孔子回答：“《书》云：‘孝乎惟孝，友于兄弟，施于有政。’是亦为政。

奚其为为政？”（《论语·为政》）《尚书》中早就说过，只要孝顺父母、友爱兄弟，并能把这种风气影响到政治中去，这就是参与政治了啊！为什么说只有做官才算是从政呢？在儒家看来，“其为人也孝弟，而好犯上者，鲜矣；不好犯上，而好作乱者，未之有也”（《论语·学而》）。孔子很自然地把“孝”与“忠”、把“齐家”与“治国”联系在了一起。

不论是在家庭伦理中，还是在社会关系里，“亲亲”和“尊尊”这两种关系都是紧密结合、不可分割的。“尊而不亲”最终只能导致“不孝不忠”“无亲无尊”，造成社会、家庭以及人与人之间关系的异化，必然发生伦理危机；“亲而不尊”则难有基本秩序，无法、无力“齐家”，更谈不上“治国平天下”，最终也不能保持“亲”的存在和延续。

在“仁爱”的基础上，儒家特别强调“敬畏”。孔子说：“君子有三畏：畏天命，畏大人，畏圣人之言。小人不知天命而不畏也，狎大人，侮圣人之言。”（《论语·季氏》）“畏天命”是其中的核心理念，有了这个基础，此后的“畏大人”和“畏圣人之言”才能成立。既要敬畏“天命”，也要敬畏能够实证天命的“圣人”与“圣人之言”，它们其实不是并列的，而是三位一体的关系。有了“敬”，就从“爱”的基础上前进了一步，从敬天地、敬祖宗，到敬父母、敬自身，再到敬君上、敬人民，“内圣”与“外王”就此打通。

推己及人、和睦家人、慈爱国人，这就是儒家从爱到敬、移孝为忠的伦理和政治原则。

suǒ wèi zhì guó bì xiān qí qí jiā zhě qí jiā bù kě
所谓治国必先齐其家者，其家不可
jiào ér néng jiào rén zhě wú zhī gù jūn zǐ bù chū jiā
教①而能教人者，无之。故君子不出家
ér chéng jiào yú guó xiào zhě suǒ yǐ shì jūn yě tì
而成教于国：孝②者，所以③事君也；弟④
zhě suǒ yǐ shì zhǎng yě cí zhě suǒ yǐ shǐ zhòng yě
者，所以事长也；慈⑤者，所以使众⑥也。

kāng gào yuē rú bǎo chì zǐ xīn chéng qiú
《康诰》曰：“如保赤子⑦。”心诚求
zhī suī bú zhòng bù yuǎn yǐ wèi yǒu xué yǎng zǐ ér hòu
之，虽不中⑧，不远矣。未有学养子而后
jià zhě yě
嫁者⑨也！

yì jiā rén yì guó xīng rén yì jiā ràng yì guó xīng
一家仁，一国兴仁；一家让，一国兴
ràng yì rén tān lì yì guó zuò luàn qí jī rú
让；一人⑩贪戾⑪，一国作乱。其机⑫如

①教：教化，教导。②孝：奉养孝顺父母。儒家认为，孝在家中的道理，与忠在国中的道理是一致的，这就是移孝为忠。③所以：所用来……的东西。④弟：“悌”的古字，弟弟尊重兄长，也泛指尊重长上。⑤慈：慈爱。指父母疼爱子女。“为人父，止于慈”，与“为人君，止于仁”是一个道理，所以可以“使众”。⑥使众：管理民众。⑦如保赤子：《尚书·周书·康诰》原文是“若保赤子”，如同父母爱护初生婴儿那样对待民众。⑧中：符合心意，达到目标。⑨未有学养子而后嫁者：女子没有先学会养育子女然后才嫁人的。⑩一家，一人：指一家之长，一国之君。这是儒家所强调的责任伦理，对居于上位、负有管理职权的人，应该有更高的要求，因为“其身正，不令而行；其身不正，虽令不从”。⑪贪戾：贪婪，暴戾。⑫机：弓弩上的发动机关，引申为事物变化的关键。

cǐ　cǐ wèi yì yán fèn　shì　yì rén dìng guó
此。此谓一言偾①事，一人定国。

yáo shùn shuài tiān xià yǐ rén　ér mín cóng zhī　jié
尧舜②帅③天下以仁，而民从之。桀

zhòu shuài tiān xià yǐ bào　ér mín cóng zhī　qí suǒ lìng fǎn
纣④帅天下以暴，而民从之。其所令反

qí suǒ hào　ér mín bù cóng　shì gù jūn zǐ yǒu zhū jǐ ér
其所好，而民不从。是故君子有诸己而

hòu qiú zhū rén　wú zhū jǐ ér hòu fēi zhū rén　suǒ
后求诸人⑤，无诸己而后非诸人⑥。所

cáng　hū shēn bú shù　ér néng yù　zhū rén zhě　wèi zhī
藏⑦乎身不恕⑧，而能喻⑨诸人者，未之

yǒu　yě
有⑩也。

gù zhì guó zài qí qí jiā
故治国在齐其家。

① 偾：败坏。② 尧舜：尧和舜，上古两位贤明君主，儒家推崇的“圣王”的代表。③ 帅：通“率”，率领。④ 桀纣：桀和纣，分别是夏和商的亡国之君，历来被认为是暴君的代表。⑤ 有诸己而后求诸人：自己具备了“孝”“悌”“慈”等善性良行，才能去要求别人也具备这些美德。诸，“之于”的合音。求，要求。⑥ 无诸己而后非诸人：自己身上没有那些毛病，才能去指责别人的毛病。非，指责。⑦ 藏：蕴藏，指通过积累而拥有的东西。⑧ 所藏乎身不恕：如果自己身上不具有恕道。恕，即恕道。孔子说：“己所不欲，勿施于人。”这是儒家的“推己及人”之道，自己不想做的事，也不要强加于别人。⑨ 喻：明白。这里是使人明白的意思。⑩ 未之有：即未有之，没有这样的事。

shī yún táo zhī yāo yāo qí yè zhēn zhēn
《诗》云[1]：“桃之夭夭[2]，其叶蓁蓁[3]。
zhī zǐ yú guī yí qí jiā rén yí qí jiā rén ér
之子于归[4]，宜[5]其家人。”宜其家人，而
hòu kě yǐ jiào guó rén
后可以教国人。

shī yún yí xiōng yí dì yí xiōng yí dì
《诗》云[6]：“宜兄宜弟。”宜兄宜弟，
ér hòu kě yǐ jiào guó rén
而后可以教国人。

shī yún qí yí bú tè zhèng shì sì
《诗》云[7]：“其仪[8]不忒[9]，正[10]是[11]四
guó qí wéi fù zǐ xiōng dì zú fǎ ér hòu mín fǎ zhī yě
国[12]。”其为父子兄弟足法，而后民法之也。

cǐ wèi zhì guó zài qí qí jiā
此谓治国在齐其家。

①《诗》云：此句出自《诗经·周南·桃夭》，是祝贺女子出嫁的诗。② 夭夭：柔嫩艳丽的样子。③ 蓁蓁：美丽茂盛的样子。④ 之子：这个女子。于归：女子出嫁。⑤ 宜：和善。⑥《诗》云：此句出自《诗经·小雅·蓼（lù）萧》，表达诸侯朝见周天子时的尊崇之意。⑦《诗》云：此句出自《诗经·曹风·鸤鸠（shī jiū）》，是赞美君子德行的诗。⑧ 仪：仪容，兼指言行举止。⑨ 忒：差错。⑩ 正：端正，匡正。⑪ 是：榜样，法则。⑫ 四国：周围的邦国。

zhuàn shí zhāng

传十章

朱子称此章为“传之十章，释治国平天下”，共682字。

这一章是《大学》最后一章，收束全书，所述内容涉及儒家很多重要思想，既提出了平天下的终极目标，也阐释了实现目标的基本方法。

首先，治国要有原则。《大学》认为，这个原则就是“絜矩之道”。“絜矩之道”，首先是“正己之道”。孔子说：“其身正，不令而行；其身不正，虽令不从。”（《论语·子路》）不仅要做到身正，还要“先之劳之”，以上率下，做在别人之前。具体的表现，就是“兴三事”，也就是“老老”“长长”“恤孤”这三件善政。其次是“恕人之道”。也就是“己所不欲，勿施于人”，懂得换位思考，将心比心。具体的表现，就是“控六恶”，不要做上下、前后、左右这六种恶行。

其次，确定原则后，接下来的重点就是要把握住德与财的关系。儒家绝不轻视财富，孔子说：“富而可求也，虽执鞭之士，吾亦为之。”（《论语·述而》）如果能求得财富，孔子可以去做所谓低贱的工作。但这里有一个前提，那就是求得富贵要通过正当的途径，“先慎乎德”。“不以其道得之，不处也”（《论语·里仁》），不符合道德原则，给钱再多也不干。“如不可求，从吾所好。”（《论语·述而》）所“好”者，当然就是明德。

再次，治国理政只有原则和道理还不行，还要靠贤人、靠人才。儒家向来讲究以德为先，所以强调“君子不器”，君子不能只是工具性人才，因为无道者才干越强，危害越大。所以要求“据于道，志于德，依于仁，游于艺”(《论语·述而》)，推举仁德者居于高位，防止邪恶者窃取权力，是治国平天下的前提。当然，强调德行，并不是排斥才能，德才兼备当然是更优的选择。孔子在《易传》中说：“君子藏器于身，待时而动。”当机会来临时，君子要具备承担大任的能力。

那么如何举贤呢？子贡曾经请教孔子，人们都说一个人好，这个人就是好人吗？孔子说，未必。那么人们都说一个人坏，这个人就是坏人吗？孔子仍然说，未必，“不如乡人之善者好之，其不善者恶之”(《论语·子路》)。好人说他好，坏人说他坏，这个人应该就真的是个好人了。所以说，“唯仁者能好人，能恶人”(《论语·里仁》)，只有身具仁德的人，才会客观公正地看待事物，才有明晰准确的分辨能力，才能为民众管理好国家、管理好财富。

最后，要有正确的“义利观”。作为个人，应该“以财发身”，也就是不役于物，不能让人成为财富的奴隶，而是让财富助力于修养的提高。作为执政者，不能与民争利，而要做好德行修养上的表率，推动民众的教化。作为国家，不应再有自己的利益诉求，而是“以义为利”，也就是以民众之利为利。

综上所述，本章主要论证了四个问题：一是提纲挈领，确定治国平天下的原则——“正己之道”和“恕人之道”。二是强调德财关系。对于国家和社会的发展而言，经济是核心，财富是基础；正因为“财”如此重要，所以要把“先慎其德”放在前面，先“有德”，后“有人”；“有人”才“有土”，“有土”才“有财”，“有财”才“有用”；归根到底一句话，有德才有民心。三是举贤用人。理财也好，治国也罢，都要靠贤能之人，所以就应亲贤人、远小人。四是义利之辨。强调国之大利是“以义为利”，民众之利即国家之利。

每个国家如都能以民之利为己利，整个天下一定会走向公平、和平、太平。这是从内到外、因王道价值观逐步确立并为全民认同后所达到的“治平”，而不是从外到内、以霸道价值观强力统治导致的武力“压平”，这就是儒家的“平天下”，这就是中国人的“平天下”。

所谓平天下在治其国者，上①老老②而民兴孝，上长长③而民兴弟④，上恤孤⑤而民不倍⑥。是以君子有絜矩之道⑦也。

所恶于上，毋以使下⑧；所恶于下，毋以事上；所恶于前，毋以先后；所恶于后，毋以从前；所恶于右，毋以交于左；所恶于左，毋以交于右。此之谓絜矩之道。

《诗》云⑨：“乐只⑩君子，民之父母。”民之所好好之，民之所恶恶之，此之谓

① 上：上位者，管理者。② 老老：即“老吾老”，尊重、孝敬老人的意思。只有“老吾老”，才能“以及人之老”，把别人的老人当作自己的老人来尊奉。③ 长长：尊重长辈。④ 弟：“悌”的古字。⑤ 恤孤：周济孤弱。恤，体恤，周济。孤，孤儿，幼而无父为孤。⑥ 倍：通“背”，背弃，背叛。⑦ 絜矩之道：规矩方圆，这里指道德规范、价值观念。絜，度量，以绳子来量长度。矩，矩尺，画直角或方形的工具。⑧ 所恶于上，毋以使下：厌恶上级对待自己的做法，就不要拿来对待下级。下面五个“所恶”也是这个意思。⑨《诗》云：此句出自《诗经·小雅·南山有台》，这是一首颂德祝寿的宴饮诗。⑩ 乐只：安乐。只，语助词。

mín zhī fù mǔ
民之父母。

shī yún jié bǐ nán shān wéi shí yán
《诗》云①：“节②彼③南山，维石岩

yán hè hè shī yǐn mín jù ěr zhān yǒu
岩④。赫赫⑤师⑥尹⑦，民具⑧尔瞻⑨。”有

guó zhě bù kě yǐ bú shèn pì zé wéi tiān xià lù yǐ
国者不可以不慎，辟⑩则为天下僇矣⑪。

shī yún yīn zhī wèi sàng shī kè pèi
《诗》云⑫：“殷⑬之未丧师⑭，克配⑮

shàng dì yí jiàn yú yīn jùn mìng bú yì dào
上帝；仪⑯监⑰于殷，峻命⑱不易⑲。”道⑳

dé zhòng zé dé guó shī zhòng zé shī guó
得众则得国，失众则失国。

shì gù jūn zǐ xiān shèn hū dé yǒu dé cǐ yǒu rén
是故君子先慎乎德。有德此㉑有人，

yǒu rén cǐ yǒu tǔ yǒu tǔ cǐ yǒu cái yǒu cái cǐ yǒu yòng
有人此有土，有土此有财，有财此有用㉒。

dé zhě běn yě cái zhě mò yě
德者，本也；财者，末也。

①《诗》云：此句出自《诗经·小雅·节南山》，是一首斥责执政者尹氏暴政的诗，希望周幽王追究其恶，任用贤人。② 节：截然高大的样子。③ 彼：那个。④ 岩岩：高耸险峻的样子。⑤ 赫赫：高贵显赫的样子。⑥ 师：太师，是周朝三公（太师、太傅、太保）之一，职掌军权。⑦ 尹：尹氏。尹氏是周王朝的世卿，地位崇高。这位尹太师勾结小人，祸乱国政，所以人们用这首诗谴责他。⑧ 具：都。⑨ 尔瞻：即瞻尔，看着你。瞻，瞻仰，仰望。尔，你。⑩ 辟：偏差，邪僻，走邪路。⑪ 僇：通“戮”，杀戮。⑫《诗》云：此句出自《诗经·大雅·文王》。⑬ 殷：即商王朝。盘庚当上商王后，将国都从“奄”（今山东曲阜）迁到殷（今河南安阳），称为殷商。⑭ 丧师：失去民心。师，众，指民众，民心。⑮ 克配：能够配得上（祭祀上天），也就是能够获得“天命”。克，能够。配，面对。⑯ 仪：宜，应当。《诗经》原文即“宜”。⑰ 监：通“鉴”，鉴戒。《诗经》原文即“鉴”。⑱ 峻命：大命，天命。⑲ 不易：不容易，难保。⑳ 道：说，指所引《诗经》中这句话说的道理。㉑ 此：乃，则。㉒ 用：用度，开支。

wài běn nèi mò　zhēng mín shī duó
外本内末①，争民施夺②。

shì gù cái jù zé mín sàn　cái sàn zé mín jù
是故财聚则民散，财散则民聚。

shì gù yán bèi ér chū zhě　yì bèi ér rù　huò bèi ér rù zhě　yì bèi ér chū
是故言悖而出者，亦悖而入③；货悖而入者，亦悖而出④。

kāng gào　yuē　wéi mìng bù yú cháng　dào shàn zé dé zhī　bú shàn zé shī zhī yǐ
《康诰》曰："惟命不于常⑤。"道善则得之，不善则失之矣。

chǔ shū　yuē　chǔ guó wú yǐ wéi bǎo　wéi shàn yǐ wéi bǎo
《楚书》⑥曰："楚国无以为宝，惟善以为宝。"

jiù fàn　yuē　wáng rén　wú yǐ wéi bǎo　rén qīn yǐ wéi bǎo
舅犯⑦曰："亡人⑧无以为宝，仁亲以为宝。"

① 外本内末：把"德"这个根本放在外边给人看，却把"财"这个枝末当作心中最重要的东西。② 争民施夺：与民争利，施行劫夺。③ 言悖而出者，亦悖而入：上位者的政令如果违背正道，民众也会以悖逆来回报你。悖，逆，与正相违。④ 货悖而入者，亦悖而出：违背正道获得的财货，也会违背期待而失去。⑤ 惟命不于常：天道无常。惟，语气词。命，天命，天道。常，长久保持，始终如一。⑥《楚书》：楚国的史书。这句话见于《国语·楚语》：楚昭王派王孙圉出使晋国，晋国赵简子身佩美玉，询问楚国的白珩宝玉现在怎么样了。王孙圉回答说，楚国并不把美玉当作珍宝，只把善人当作珍宝。汉代刘向的《新序》中也有此记载。⑦ 舅犯：晋文公重耳的舅舅狐偃，字子犯。⑧ 亡人：流亡在外的人，指晋国的公子重耳。重耳因晋国内乱，避难逃亡在外。晋献公逝世后，秦穆公派人劝重耳归国掌政。子犯以为不可以，对重耳说了这句话。语见《礼记·檀弓下》。

《秦誓》①曰："若有一个臣，断断兮②无他技③，其心休休④焉，其如有容⑤焉。人之有技，若己有之；人之彦圣⑥，其心好之，不啻若自其口出⑦，寔⑧能容之，以能保我子孙黎民，尚亦有利哉。人之有技，媢疾⑨以恶之；人之彦圣，而违之俾⑩不通⑪，寔不能容，以不能保我子孙黎民，亦曰殆⑫哉！"

①《秦誓》：《尚书·周书》中的一篇。秦穆公伐郑国，被晋国击败，回师后悔过，作《秦誓》。此处所引与《诗经》原文略有不同。② 断断兮：真诚忠厚的样子。兮，语气词，《秦誓》原文为"猗"。③ 技：才能。④ 休休：宽容平易。⑤ 有容：有容人之量。⑥ 彦圣：德才兼美。彦，善美。圣，明达。⑦ 不啻若自其口出：就像是从自己嘴里说出来一样（自己心里也是这样想的）。不啻，不仅。⑧ 寔：通"实"，确实，实在。《秦誓》原文为"是"。⑨ 媢疾：妒嫉，《秦誓》原文为"冒疾"。⑩ 俾：使。⑪ 不通：不能发展，不被重用，也就是不达于君。⑫ 殆：危险。

wéi rén rén fàng liú zhī bǐng zhū sì yí bù yǔ
唯仁人放流①之，迸②诸四夷③，不与
tóng zhōng guó cǐ wèi wéi rén rén wéi néng ài rén néng wù
同中国④。此谓唯仁人为能爱人，能恶
rén
人。

jiàn xián ér bù néng jǔ jǔ ér bù néng xiān màn yě
见贤而不能举⑤，举而不能先⑥，命⑦也。
jiàn bú shàn ér bù néng tuì tuì ér bù néng yuǎn guò yě
见不善而不能退⑧，退而不能远⑨，过也。

hào rén zhī suǒ wù wù rén zhī suǒ hào shì wèi fú
好人之所恶，恶人之所好，是谓拂⑩
rén zhī xìng zāi bì dài fú shēn
人之性，灾必逮⑪夫⑫身。

shì gù jūn zǐ yǒu dà dào bì zhōng xìn yǐ dé
是故君子有大道⑬，必忠信⑭以得
zhī jiāo tài yǐ shī zhī
之，骄泰⑮以失之。

① 放流：放逐，流放。② 迸：通“屏”，驱逐。③ 四夷：四方之部族。夷，古代原特指东方的部族，后泛指四方的部族，与“中国”对称。④ 中国：指中原地区。⑤ 举：举荐，选拔。⑥ 先：重用，优先，推荐到自己前面的位置。⑦ 命：东汉郑玄认为是“慢”字之误，而北宋程颐认为当作“怠”。可译为“怠慢”。⑧ 退：罢免，贬斥。⑨ 远：使之远，疏远。⑩ 拂：逆，违背。⑪ 逮：及，到。⑫ 夫：助词。⑬ 大道：修身治国的大原则。⑭ 忠信：忠诚信义。⑮ 骄泰：骄横放纵。

shēng cái yǒu dà dào shēng zhī zhě zhòng shí zhī zhě
生财有大道：生之者众①，食之者
guǎ wéi zhī zhě jí yòng zhī zhě shū zé cái héng
寡；为之者疾②，用之者舒③；则财恒
zú yǐ
足④矣。

rén zhě yǐ cái fā shēn bù rén zhě yǐ shēn fā cái
仁者以财发身⑤，不仁者以身发财⑥。

wèi yǒu shàng hào rén ér xià bú hào yì zhě yě wèi yǒu
未有上好仁而下不好义者也；未有
hào yì qí shì bù zhōng zhě yě wèi yǒu fǔ kù cái fēi qí
好义其事不终⑦者也；未有府库财非其
cái zhě yě
财者⑧也。

mèng xiàn zǐ yuē xù mǎ shèng bù chá yú jī tún
孟献子⑨曰：“畜马乘⑩，不察于鸡豚⑪。

① 生之者众：生产、创造财富的人多。② 为之者疾：生产创造财富的速度快。③ 舒：舒缓。④ 恒足：长久保持充足。⑤ 以财发身：消耗财富来完善修养，“仁者散财以得民”。孔子说的“富而好礼”也是这个道理。⑥ 以身发财：消耗身心去获取财富，“不仁者亡身以殖货”。⑦ 终：完成，成功。⑧ 未有府库财非其财者也：以正道而行，则府库之财都是应得之财，因为不当之财最终无法保有。府库，国家管理财货、兵甲的机构和建筑。⑨ 孟献子：春秋时鲁国大夫，姓仲孙，名蔑，是孟子的先祖。他主张节用爱人、发展生产，是当时有名的贤大夫。⑩ 畜马乘：拥有四匹马拉的车。畜，养，指拥有。乘，四马一车为一乘，是大夫的待遇。⑪ 不察于鸡豚：不计较养鸡养猪的收益，指不与民争利。察，关注。

fá bīng zhī jiā bú xù niú yáng bǎi shèng zhī jiā bú
伐冰之家①，不畜牛羊。百乘之家②，不
xù jù liǎn zhī chén yǔ qí yǒu jù liǎn zhī chén nìng yǒu dào
畜聚敛之臣③。与其有聚敛之臣，宁有盗
chén cǐ wèi guó bù yǐ lì wéi lì yǐ yì wéi lì yě
臣④。”此谓国不以利为利，以义为利也。

zhǎng guó jiā ér wù cái yòng zhě bì zì xiǎo rén
长国家⑤而务财用⑥者，必自小人
yǐ bǐ wéi shàn zhī xiǎo rén zhī shǐ wéi guó jiā zāi
矣。彼为善之⑦，小人之使⑧为⑨国家，灾
hài bìng zhì suī yǒu shàn zhě yì wú rú zhī hé yǐ
害⑩并至。虽有善者，亦无如之何矣⑪！
cǐ wèi guó bù yǐ lì wéi lì yǐ yì wéi lì yě
此谓国不以利为利，以义为利也。

①伐冰之家：指公卿之家。丧祭时有条件用冰保鲜，是卿大夫以上高官的待遇。伐冰，凿冰。②百乘之家：拥有一百辆车的家族，指有封地的公卿、大夫。③聚敛之臣：收刮钱财的家臣。聚，聚集。敛，征收。④盗臣：盗窃主人或府库财物的家臣。⑤长国家：成为国家之长，掌管国家。⑥务财用：专心于聚敛财富。务，专心，专门。⑦此句上下，疑有阙文。彼，指君王。⑧小人之使：使用、任用小人。小人，这里指道德败坏的人。⑨为：治理，管理。⑩灾害：灾，天灾。害，人祸。⑪无如之何：没有办法。

zhōng
中
yōng
庸

导言

《中庸》的作者

《中庸》与《大学》一样，本是《礼记》中的一篇（第三十一篇）。其作者是谁，也与《大学》一样，历来有不少争议。

孔氏后人编集的《孔丛子》中，有鲁穆公与孔子的孙子子思的一段对话："子之书所记夫子之言，或者以谓子之辞。"你的书里记载了很多孔子的言论，有人说其实就是你自己的话。子思回答："臣所记臣祖之言，或亲闻之者，有闻之于人者。虽非正其辞，然犹不失其意焉。"我所记录的祖父的话，有的是亲耳听到的，有的是从别人那里听说的；这些言论，都保存了夫子思想的大意。《孔丛子》中还有子思"困于宋""撰《中庸》之书四十九篇"的记载。

西汉司马迁在《史记·孔子世家》中明确写道："子思作《中庸》。"东汉大儒郑玄在《三礼目录》中认为，《中庸》是"孔子之孙孔伋作之，以昭明圣祖之德"。唐代李翱说得更具体："子思，仲尼之孙，得其祖之道，述《中庸》四十七篇，以传孟

轲。”到了南宋，朱子致力于《中庸》研究，他总结前人的有关成果，在深入理解的基础上坚定地指出：“中庸何为而作也？子思忧道学之失其传而作也。”

但是，也有人对此提出质疑。清代崔述认为：“盖子思之后宗子思者之所为书，故托之于子思，或传之久而误以为子思也。”质疑者的主要理由有以下四点：

一是认为《中庸》的思想与孔子有不一致的地方。北宋欧阳修在《问进士策（三）》中提出，孔子“学而后至，久而后成”，是靠学习成为圣人的；《中庸》却承认有“自诚明，生而知之”的圣人存在，“其说有异乎圣人者”，是“无用之空言”，所以不可能是子思所作。但这种怀疑没有切实根据，要知道孔子是十分谦虚的，从不自称圣人，而且孔子也曾说过“生而知之者上也”（《论语·季氏》）。更重要的是，《中庸》由天道演绎人道，提出的是一个哲学的思辨理路，不能因此怀疑作者是谁。

二是《中庸》中有两处提到孔子时未用尊称，而直接称“仲尼”，不符合“为尊者讳、为亲者讳、为贤者讳”的礼法。南宋王十朋就怀疑：“岂有身为圣人之孙，而字其祖者乎？”对此，朱子已经做过回答，在那个时期，“古人未尝讳其字”，“如唐人尚不讳名，杜甫诗云‘白也诗无敌’，李白诗云‘饭颗山前（“前”应为“头”）逢杜甫’”。我们看当时的经典，比如《论语·子张》有“仲尼不可毁也”，《论语·微子》有“夫执舆者为谁？子路答曰：‘为孔丘’”，可知当时也有称名称字的例证。宋代王观国在《学林》中指出，“夏、商无所讳，讳自周始，然而不酷讳也”，“秦汉以来，始酷讳矣”，那个时代讳名现象并不十分严格。以讳名问题怀疑《中庸》作者，是以后世的眼光看

待先秦的经典。而且，讳名与否，也讲究场合和语境，在讨论公共话题时可直接称名，以示人以无私。《中庸》中两次提到“仲尼”，都属于这种情况。

三是《中庸》有“载华岳而不重，振河海而不泄”的说法。清代叶酉、卢文弨等人认为，如果《中庸》是子思所作，为何舍家乡的泰山不用，非要举他从未见到过的华山为例？所以此句应出自秦汉时期秦川之地的士人，由此推论《中庸》作者不是鲁国的子思。袁枚也持这种观点，他认为《论语》《孟子》中提到“山”，都是指泰山；而《中庸》中则举华山，所以怀疑是长安人写的。针对这个疑问，清代樊廷枚等人则认为，“华岳”与“河海”对举成文，“河海”是二水，所以“华岳”也应该是二山，并不是指陕西的华山，很有道理。

四是《中庸》中的一些言论和表述方式与子思所处时代不符。比如，各篇章的命名不同于《论语》等经典，不是取正文开头的两个字为题，而是提炼篇章的核心内容为题，属于战国时期的文体风格。又如，明确提到“今天下车同轨，书同文，行同伦”，这不是春秋战国时期的景象，而是秦统一后的状况。王十朋最早对这一点提出了质疑。清代学者俞樾《湖楼笔谈》即据此论证出“《中庸》盖秦书也”。对此，朱子其实已经指出，秦有秦的“三同”，周也有周的“三同”，只不过各自“同”的标准有异：《左传·隐公元年》“同轨毕至”，《管子·君臣上》“戈兵一度，书同名，车同轨”，都证明了当时的“三同”。现代学者如张岱年则认为，《中庸》的大部分章节为子思所作，但“载华岳而不重”，“今天下车同轨，书同文，行同伦”，等等，则是后人增益的。李学勤先生指出，古书的形成往往要经过很长的

过程，可能会有较大的改动变化。所以，不能仅根据一两句言论，就贸然作出判断。

综合历代学者的研究，参考近年来的出土文献，学界大致上还是倾向于《中庸》为子思及其弟子所作的观点。杨朝明先生深入研究后得出结论，“子路问强”到“哀公问政”，以及“哀公问政”中的“博学之，审问之”之前，其内容其实与《孔子家语》是对应的；至于其他部分，特别是被朱子分为第一部分的内容，已经从出土文献中得到证实。朱子在第二十章“哀公问政”的章句中也特别提道：“《孔子家语》亦载此章，而其文尤详。”甚至，此处的“子曰”二字，就是引用《孔子家语》而没有删改干净的证据。《孔子家语》乃是“孔氏家学”，当然与子思关系密切。所以，我们说子思应当就是《中庸》的主要作者。

《中庸》的流传

《汉书·艺文志》记载有《中庸说》两篇，但早已散佚，不知与今本《中庸》是何关系。

到了魏晋南北朝时期，随着儒释道“三教融合”的发展，开始出现引用佛道两家思想阐释《中庸》的现象。比如三国魏刘劭创作品鉴人物的《人物志》，将《中庸》列在“兼德”类，明显是受到道家学说影响；梁武帝君臣都著有《中庸》讲疏著作，则是援引佛家义理进行阐释。

唐代孔颖达作《五经正义》，保存了东汉郑玄关于《中庸》的一些注解。特别是韩愈、李翱师徒，面对佛教兴盛、“儒门淡泊，收拾不住”的情况，力图建立儒家“道统”以拒斥佛道思

想，重点对《中庸》蕴含的心性学说进行了发挥，改变了两汉以来儒生注重章句的传统；并在此过程中借鉴了佛学的传承推广之法，促进了文化交流。他们的努力为后来理学的创生奠定了基础。

佛教一些大德高僧也反过来从《中庸》吸取营养，释智圆、契嵩等都在沟通儒佛义理方面做了大量有成效的工作。在宋代理学兴起的大背景下，宋初以晁迥为代表的一些儒家学者，为建构新的思想体系，立足儒学经典，吸取佛家学说，进一步深化了《中庸》研究。司马光著《大学中庸广义》，与范仲淹、胡瑗等共同推动《中庸》向儒家经典的地位逐步抬升。

早在北宋时期，宋真宗就曾将《中庸》列入科举考试内容，宋仁宗也非常推崇此书。两宋时期的几乎所有大儒，都高度重视《中庸》的作用。周敦颐、张载、程颢、程颐通过对“天命”“诚”等核心概念的推究，引导了儒学本体论的建构。张栻、陆九渊则深入到心性层面，加深了对“中和”思想的体认。南宋石子重在朱子的帮助下，收集整理周敦颐、张载、二程及程门弟子吕大临、游酢等共十家关于《中庸》的论说，编成《中庸集解》一书。

朱子对《中庸》的成书用力最大、影响最广。他认为，前人对《中庸》的研究，“大义虽明，而微言未析”，所以，专门将《大学》《中庸》从《礼记》中抽离出来，经过四十年的揣摩体会，逐一章句，编次为《大学章句》《中庸章句》，并集注《论语》《孟子》，共同列为“四书”。朱子去世不久，宋宁宗嘉定五年（1212）《四书章句集》被列入国学，权威性得到官方认证。南宋以后，元明清三朝，均将此书作为科举取士的标准。明成祖敕撰《四书大全》，从此确立了“四书”儒家经典的地位。

《中庸》的结构

汉代以来，对《中庸》的章节结构有过多种分法。唐代孔颖达《五经正义》分为三十六章，宋代晁说之《中庸传》分为八十二章。朱子在整理《中庸》的过程中，于前人研究基础上，提出了对《中庸》结构的理解：

> 《中庸》一篇三十三章。其首章，子思推本先圣所传之意以立言，盖一篇之全要。而其下十章，则引先圣之所尝言者以明之也。至十二章，又子思之言。而其下八章，复以先圣之言明之也。二十一章至于卒章，则又皆子思之言。反复推说，互相发明，以尽所传之意者。某尝伏读其书，妄以己意分其章句如此。

也就是说，首章是子思所传先圣之意，非子思所“作”，乃子思所“传”，这是本书的“全要”、总纲，儒家的“心法之门”。特别是开篇第一句话，“天命之谓性，率性之谓道，修道之谓教”，更是全书立论的核心，以下各章都是围绕这个总纲展开的。第二至第十一章，引用了孔子的话，对这个总纲进行论证，提出了“五达道”“三达德”的重要概念。这十一章共同构成《中庸》的第一部分，我们称之为“第一篇”。

第十二章则是子思的话，一方面对首章先圣之言进行了发挥；另一方面则总领其下八章，又是用孔子的话来为自己的言论作“注解”。第十二至第二十章，共九章，构成《中庸》的第二部分，我们称之为“第二篇”。这部分围绕“道不可离”立论，提出了“诚”的概念。

第二十一章，又是子思的话，承接第二部分关于孔子“天道”“人道”的观念而立言，并引领以下的十二章，重点讲“诚”，这是《中庸》最重要的核心概念。第二十一至第三十三章，共十三章，构成《中庸》的第三部分，我们称之为“第三篇”。

《中庸》的思想

朱子认为，《尚书》记载的“允执厥中”4字，就是上古以来所传之“道统”，尧将其传给了舜。舜在传给禹的时候，将4个字增加到16个字：“人心惟危，道心惟微，惟精惟一，允执厥中。”朱子在《中庸章句序》中说：

> 夫尧、舜、禹，天下之大圣也。以天下相传，天下之大事也。以天下之大圣，行天下之大事，而其授受之际，丁宁告诫，不过如此，则天下之理，岂有以加于此哉？自是以来，圣圣相传：若成汤、文、武之为君，皋陶、伊、傅、周、召之为臣，既皆以此而接夫道统之传。若吾夫子，则虽不得其位，而所以继往圣、开来学，其功反而贤于尧舜者。然当是时，见而知之者，惟颜氏、曾氏之传得其宗。及曾氏之再传，而复得夫子之孙子思，则去圣远而异端起矣。子思惧夫愈久而愈失其真也，于是推本尧、舜以来相传之意，质以平日所闻父、师之言，更互演绎，作为此书，以诏后之学者。盖其忧之也深，故其言之也切；其虑之也远，故其说之也详。

子思述先圣之意，以“天命率性”发明“道心”，以“择善固执”发明“精一”，以“君子时中”发明“执中”，从这“十六字心传”中，提炼出“中庸”二字，制作此书。

什么是“中庸”？

程子说：“不偏之谓中，不易之谓庸。中者，天下之正道，庸者，天下之定理。”

朱子说：“中者，不偏不倚，无过不及之名。庸，平常也。”

有人问朱子，“不易”之庸与“平常”之庸有何联系？朱子说：“言‘常’，则‘不易’在其中矣。惟其常也，所以不易。但‘不易’二字，则是事之已然者。自后观之，则见此理之不可易。若庸，则日用常行者便是。”“惟其平常，故不可易；若非常，则不得久矣。譬如饮食，如五谷是常，自不可易。若是珍羞异味不常得之物，则暂一食之可也，焉能久乎？庸，固是定理，若以为定理，则却不见那平常底意思。今以平常言，则不易之定理自在其中矣。”

《中庸》特别提出了“时中”的概念，“君子之中庸也，君子而时中”。强调世易时移，条件变化后，因地制宜、因时制宜、因人制宜、因事制宜的原则。《中庸》强调，不论是“中”，还是“庸”，都要以“诚”为根本，为“大本”，“不诚无物”。

毛泽东主席1939年2月20日在《关于〈孔子的哲学思想〉一文给张闻天的信》中，对“时中”思想给予高度肯定，他说，“过与不及乃指一定事物在时间与空间中运动，当其发展到一定状态时，应从量的关系上找出与确定其一定的质，这就是‘中’或‘中庸’，或‘时中’。说这个事物已经不是这种状态而进到

别种状态了，这就是别一种质”，中庸思想“是孔子的一大发现，一大功绩，是哲学的重要范畴，值得很好地解释一番”。（《毛泽东文集》第二卷）

《中庸》全书仅3553字（不含第二十章“在下位不获乎上，民不可得而治矣”和“子曰”共16字衍文），但内涵丰富，体大思精。中庸思想的提出和演变，极大地拓展了儒家文化、中国文化的深度和高度，不论是对个人修养、社会发展，还是对国家治理、文明交流，都提供了思想、哲学的重要参考维度。

到目前为止，在历代研究、解释《中庸》的著作中，最为系统、影响最大的，仍是朱子的《中庸章句》。因此，本书以国家图书馆藏原铁琴铜剑楼旧藏《宋本中庸章句》为底本进行分章、注音、注释，并且完全保留了朱子的分段方式，力求更接近朱子章句的原貌。对于一些重要的争议，本书作了介绍，并提出了自己的看法。

导言和章旨部分，引用经典将出处以夹注形式括于引文之后；引用朱子《大学章句》《中庸章句》的文字，则不注出处。引用的古人今人其他著述，以“参考文献”的方式列于书末。

dì yī zhāng 第一章

本章共109字，是《中庸》全书的总纲领，是“一篇之体要”。

朱子认为，本章是“子思述（先圣）所传之意以立言”，分为三个层次。

首先，性出于天，而备于人。“天命之谓性”，道源于天；天又将其善性赋予了人，所以天道即是人道，人道不可违背天道；道不远人，只要遵循上天赋予人的本性，“率性之谓道”，人们就知道为所当为，止所当止。

其次，人道养成需“存养省察”。如何保持本性？或者说，道如何修来？靠教化得来。以“慎独”的功夫修养“诚”的品质，摒弃物欲的蒙蔽，坚定内心的信仰，也就是朱子所说的“去夫外诱之私，而充其本然之善”。

再次，“中”是大本，“和”是达道，“致中和”是最高境界。喜怒哀乐尚未发动的时候，正是人的本性最为纯粹、沉静的时候，当然也是最不偏颇的时候，所以叫作“中”。然而，人的喜怒哀乐总是要表露出来的，如果能够做到有所节度、无过无不及，这就达到了“和”。孔子对《诗经》中的《关雎》给予高度评价，就是因为其“乐而不淫，哀而不伤”，体现出“中和”之美。

从这个意义上说，“天命之谓性”就是“未发”之“中”；“率性之谓道”就是已发而“中节”之“和”；“修道之谓教”就是通过“慎独”功夫，存养修德，“致中和”，实现君子德性的最高境界。得“中”，则万物各得其所；致“和”，则万物化育和谐。

可以看出，“慎独”在这三个层次中起到重要的承转作用。“天命之性”只有通过以“慎独”为标志的自我修养，才能使“大本”和“达道”得以实现。《大学》中也重点阐述了“慎其独”问题，可见其在儒家思想中的重要地位。人们只有加强道德自觉，经常反求诸己，自我反省，才能做到“诚于中，形于外”。

这就是既神秘又平凡的“孔门传授心法”。

天命①之谓性②，率性③之谓道④，修道⑤之谓教⑥。

道也者，不可须臾离⑦也，可离非道也。是故君子戒慎乎其所不睹，恐惧乎其所不闻⑧。

莫见乎隐，莫显乎微⑨，故君子慎其独也⑩。

① 天命：上天所持有的禀赋（赋予人）。天，指自然的天。命，禀赋，这里名词动用，指赋予。朱子说："天以阴阳五行化生万物，气以成形，而理亦赋焉，犹命令也。"② 性：理，即天命赋予人的本质、本性。③ 率性：遵循上天赋予人的本性。率，遵循，按照。④ 道：路，引申为规律、道理。"率性之谓道"，意思是遵循上天赋予人的本性行事，这是人们"当行之路"。朱子说："犹路也。人物各循其性之自然，则其日用事物之间，莫不各有当行之路，是则所谓道也。"⑤ 修道：修明人的本性，培养人的德性，学会"道"的本旨。修，修明，节制。⑥ 教：教育，教化。教育的工具包括礼、乐、刑、政等。⑦ 须臾离：片刻离开，片刻违背。须臾，片刻，很短的时间。离，离开，违背。⑧ 戒慎乎其所不睹，恐惧乎其所不闻：道无处不在，无时不存，但却无形无声，所以要戒惧谨慎，心怀敬畏，处处提醒自己，时时修养德性。其，指"道"。不睹，看不到。不闻，听不见。⑨ 莫见乎隐，莫显乎微：没有比幽暗之中、幽微之事更能看清人的内心的。莫，没有。见，表现。显，显现。隐，暗蔽处。微，细微处。⑩ 慎其独：独处时谨慎小心，心存敬畏。独，别人都不知道，但自己骗不了自己；也就是朱子所说的"人虽不知而己独知之"，在人欲还没有萌发的时候就遏制住，不使其在隐微中滋长。

xǐ nù āi lè zhī wèi fā wèi zhī zhōng fā ér
喜怒哀乐之未发①，谓之中②；发而

jiē zhòng jié wèi zhī hé zhōng yě zhě tiān xià zhī dà
皆中节③，谓之和④。中也者，天下之大

běn yě hé yě zhě tiān xià zhī dá dào yě
本⑤也；和也者，天下之达道也⑥。

zhì zhōng hé tiān dì wèi yān wàn wù yù yān
致⑦中和，天地位⑧焉，万物育⑨焉。

① 喜怒哀乐之未发：喜怒哀乐是人之天“性”，未发之时，心无所虑，本体安静。发，天性发动，受物欲影响而激发。② 中：天性未发时，无所偏倚、浑然无所虑的状态，也就是无过无不及。③ 发而皆中节：感于物而天性发动，就成了“情”，发动后符合本性的节度，保持“得当”“中正”的状态。中节，符合法度、节度。④ 和：不偏激、不乖戾的适中、协调状态。⑤ 大本：根本，指“天命之性”。⑥ 达道：天下古今必由之路，也就是共同遵循的原则、规律。⑦ 致：致力于，通过扩充而达到。⑧ 位：安其位，安于所处的位置。⑨ 育：遂其育，生长发育。

dì èr zhāng

第二章

本章共37字。从本章开始的十章，都是引用孔子的话对第一章总纲进行论证。前十一章，构成了全书的“第一篇”。

孔子这十段话（包括一篇与弟子的对话），当然不是专门针对这个总纲来说的，但是从不同的角度说明了其中的道理。用朱子的话说，“文虽不属，而意实相承也”。

总纲中所讲的最高境界是“中和”，本章却变为“中庸”。“中和”与“中庸”其实是一回事，北宋理学家游酢认为，从性情的角度讲，是“中和”；从德行的角度讲，就是“中庸”。朱子对游酢的这个观点非常认同，他又进一步指出，“中庸”的“中”，可以包含“中和”的意蕴，所以，“中庸”的内涵，其实又超越了“中和”的范畴。

什么是“庸”？郑玄认为是“常”，“中庸”就是“用中为常道”。程子则认为“不偏之谓中，不易之谓庸。中者，天下之正道；庸者，天下之定理”。“常”与“不易”有相关之处，因其平常，所以不变（易）。朱子则综合二人的说法：“中庸者，不偏不倚，无过不及而平常之理。”

从道统的角度，朱子把中庸之道提升到了儒家思想的至高地位。他认为，尧传授给舜的“允执厥中”四字心法，就是中庸之道。圣王以中庸之道作为传续道统甚至交接政权的重要法门，其重要性不言而喻。因此，中庸当然也就成为区分君子与小人的最高标准。

需要重视的是，本章提出了“时中”的重要概念。“中”不是一个刻板的、僵化的、具体的标准，而是一种应物变化、因时制宜的高明理论。曲阜孔庙第一道大门称为“圣时门”，出自孟子对孔子的评价：“圣之时者。”因为孔子既有圣德，又有智慧，“可以速而速，可以久而久，可以处而处，可以仕而仕”(《孟子·万章下》)，根据情势的变化，选择合适的应对方式。比如，中国传统的杆秤，依靠移动秤砣的杠杆原理来称量物体；秤砣的另一个名称叫“权”，取其权变、变通之意。就杆秤称重这个动作来说，什么是“中”？机械地把“权”放在秤杆的中间？那是“小人”之“中”，用一个以为可以放之四海而皆准的标准，刻舟求剑般去权衡事物，这不是“中庸”，恰是“反中庸”。真正的“中”，需要根据所称量物体的质量变化，适当挪移“权”的位置，以随时随物调整和“权变”。也就是说，不同的事物，有不同的“中”的原理；能够适应不同的对象，得到各自的“中”，这才是“时中”，才是“君子中庸”。

如何做到“时中”？如何从“小人”变为“君子”？只有靠“修身”。《中庸》也对“修身”进行了深入论述，可见这一条目之重要。

值得注意的是，本章引用孔子的话，用了“仲尼”的称呼。《中庸》中共有两处用了“仲尼”，还有一处是讲孔子“祖述尧舜”。有人认为，这正是一个有力的证据，证明《中庸》不是子思所作，因为按照古人的传统，没有孙子直呼爷爷名字的道理；《论语》等典籍中，弟子或自居孔子后学的人，称呼孔子时都称

“子”或“夫子”。但是有学者指出，这两处称“仲尼”的言论，不是对弟子所说，而是对天下人所说，称“子”是“私称”，称“仲尼”是公称，以示此种言论乃“天下之公论”。这种观点很有道理。

仲尼①曰："君子中庸②，小人③反④中庸。

"君子之中庸也，君子而⑤时中⑥；小人之反⑦中庸也，小人而无忌惮⑧也。"

① 仲尼：即孔子，名丘，字仲尼。② 中庸：中，不偏不倚，无过无不及，得事理之宜。庸，平常，常理，平凡而又普遍适用的道理。③ 小人：与君子相对而言。君子，本义指"上位者"、管理者，后引申为品行高洁、修养完善之人。小人，本义指"下位者"、普通民众，后引申为品行不正、道德败坏之人。这里强调的是德行、修养。孔子以能否行中庸之道，作为区分君子与小人的标准。④ 反：违背（中庸的原则）。⑤ 而：能够。⑥ 时中：随时处于适中、适当、不偏不倚的状态，不偏激，不乖戾，根据情势的变化而调整，绝不违背基本规律。⑦ 反：原本文中无"反"字。王肃认为，这里应该是"小人之反中庸也"，程子、朱子从上下文意来理解，都赞同王肃的观点。所以此处直接增加"反"字。⑧ 无忌惮：无所顾忌，无所畏惧。因为没有是非观，没有对原则的坚守，所以敢于妄为。

dì sān zhāng

第三章

本章共13字。本章所引的孔子这句话，显然出自《论语·雍也》："中庸之为德也，其至矣乎！民鲜久矣。"子思在"鲜"字之后加了一个"能"字，使其意蕴更加分明。

"中庸"是最高的道德要求，是君子修养的最高标准。其高远之处在于，它既没有一定之规，又没有极致之处。前者是从"权变"的角度讲的，上一章已经做过讨论。后者则是从"无穷"的角度讲的，其实就是《大学》的纲领："止于至善。"至高之"善"永远不可能达到，这正标示了引领人类走向更高层次文明的可能性。我们永远在路上，虽然无法到达至高的终点，但每向前一步，就有一步的收获，就能享受向前迈进一步的快乐，然后积聚继续前进的勇气。这就是"知其所止"。

中庸之道其实很"平常"，"无过不及而平常之理"。平，就是平凡；常，就是经常。平常，体现在民生日用之中，五谷都是平凡的，但"五谷是常"。正如朱子所说，"惟其平常，故不可易"。若是"珍羞异味"不常得之物，怎么可能天天享用？维持生活、生命的，恰恰是平凡易得的五谷。

不过，平凡与经常又是两个层面。这两个层面在"天命之性"里是统一的，正如在"五谷"里是统一的，这就是"未发之中"。"已发"之后，由于先天气质禀赋的区别，更由于后天

"存养省察"功夫的不同，很少有人能将这两面归于一体而达于"和"。

"民鲜能久矣"。这个"民"值得注意。古人将君子也就是贵族和官员阶层称为"人"，将普通民众称为"民"，"人"与"民"这两个字是有不同含义的。我们可以通过"中和"与"中庸"的联系及区别来理解这层意思。"中和"讲性情，"中庸"讲德行，而朱子又认为"中庸"之"中"其实兼有"中和"之意，而"庸"就是"用"。所以，我们可以判断，"中庸"是在"中和"基础上，增加了"用中为常道"的要求，从德行养成扩展到了社会实践层面，因此范围更广。所以此处用"民"而不用"人"。

子曰："中庸其①至②矣乎！民③鲜④能久矣！"

zǐ yuē zhōng yōng qí zhì yǐ hū mín xiǎn néng jiǔ yǐ

① 其：表示推测，大概、应该、恐怕。② 至：极致，达到顶点，臻于完善境界。③ 民：民众。④ 鲜：很少，不多。

dì sì zhāng

第四章

本章共50字。

为什么"民鲜能久矣"？因为或"过之"，或"不及"。

"知者过之，愚者不及"，这是从人的认知能力上来说的。中庸之道即"平常之理"。对于太聪明的"知者"来说，因为"平凡"，所以容易"过之"；对于较蠢笨的"愚者"来说，因为"经常"，所以"不及"。于是，"道之不行"。

"贤者过之，不肖者不及"，这是从人的德性修养上来说的。朱子认为，"贤者行之过"，以为没有什么了不起；"不肖者不及行"，觉得太过高深，"又不求所以知"，所以不及。于是，"道之不明"。

这也进一步表明，"中庸"是对更广泛的对象讲的，包括"知者""愚者"，包括"贤者""不肖者"，所以用"民"而不用"人"。

读到这里，很容易让我们想起孔子的一句话："不得中行而与之，必也狂狷乎！狂者进取，狷者有所不为也。"(《论语·子路》)如果找不到合乎"中道"的人，那就与"狂狷"者交往吧！狂者，志高而激进，这种人能够积极进取；狷者，拘谨而保守，做不到的事就不去做。

首先，我们要明确，不论是"狂者"还是"狷者"，都有其优点，都区别于"愚者"和"不肖者"，连孔子都是愿意与这样的人交朋友的。

其次，他们都没有达到“中”的境界，都只得“中庸”之一端；但是，毕竟得到了一端，所以也有可取之处。

孔子说：“邦有道，谷；邦无道，谷，耻也。”（《论语·宪问》）国家有道之时，君子应该出来做事（做事就有“谷”，领俸禄）；国家无道之时，如果还出来做官得俸禄，那就是无耻了。同样道理，邦有道，“不谷”，也是未得中庸之旨。正如孟子所说，“穷则独善其身，达则兼善天下”（《孟子·尽心上》），这就是孔子强调“博学于文，约之以礼”（《论语·颜渊》）的原因，用礼来约束，就是用合乎中道的德性来约束。

有人问孔子的学生子贡：“君子质而已矣，何以文为？”君子只要有好的内在本质就行了，何必再要求讲究文采呢？子贡回答：“文犹质也，质犹文也。虎豹之鞹犹犬羊之鞹。”（《论语·颜渊》）文采和本质都很重要，虎豹的皮如果去掉了有花纹的毛，那就跟去掉毛的犬羊皮一样了，还能分清楚吗？所以说，“文质彬彬，然后君子”（《论语·雍也》）。

“不及”的害处很容易理解，“过之”如何理解呢？《孔子家语》记载了孔子两个学生的故事。鲁国规定，如果有人在国外赎买了被卖为奴隶的百姓，可以到国库报销这笔费用。子贡赎买了奴隶，却不去报销。孔子批评了他，因为“圣人之举事，可以移风易俗”，你立了这么高的道德标准，有前例在先，那今后就没人去赎人了。这就是“过之”。子路救了一个溺水者，人家用一头牛来酬谢他，子路大方接受了。孔子称赞了他，因为这种做法会鼓励更多人见义勇为。这就是“中道”。

zǐ yuē dào zhī bù xíng yě wǒ zhī zhī yǐ
子曰："道①之不行②也，我知之矣：

zhì zhě guò zhī yú zhě bù jí yě dào zhī bù míng
知者过之③，愚者不及④也。道之不明⑤

yě wǒ zhī zhī yǐ xián zhě guò zhī bú xiào zhě bù
也，我知之矣：贤者⑥过之，不肖者⑦不

jí yě
及也。

rén mò bù yǐn shí yě xiǎn néng zhī wèi yě
"人莫不饮食也，鲜能知味⑧也。"

①道：指中庸之道。②行：推行，运行。③知者过之：聪明的人容易过头。知，同"智"，明智，聪明。过，超过，过度。④愚者不及：愚笨的人可能够不到。知者、愚者是从认知能力来区分的。⑤明：弘明，昌明。⑥贤者：有德行的人。⑦不肖者：道德水平低下的人，也指普通人。肖，类似，原指孩子不类似父亲。贤者、不肖者是从道德水平来区分的。⑧味：滋味。这里以饮食的滋味比喻中庸之道的旨趣。

dì wǔ zhāng 第五章

本章只有8字。

孔子一生的追求就是“行道”，他的愿望实现了一半。

“行道”与“道行”是两回事。“行道”是主观努力，而道之“行”与“不行”，是客观现实。

朱子说：“由不明，故不行。”这说的是“行道”。由于对德性的认识不清楚，对修养德性的方法不掌握，或过之，或不及，所以无法“行道”。这也是特别强调“修道之谓教”、重视教化、重视“存养”的原因。

然而，道之“不行”，还有社会的原因、时代的局限。孔子生活在“礼崩乐坏”的春秋乱世，王道湮没，霸道横行，“滔滔者天下皆是也”(《论语·微子》)，一片混乱。很多人选择做“逸民”(隐士)。不仅孔子知道“道其不行矣”，孔子的弟子子路也知道：“道之不行，已知之矣。”然而，“欲洁其身，而乱大伦。君子之仕也，行其义也”(《论语·微子》)。都选择独善其身，谁来“行其义”？谁来护“大伦”？

做不做得到是一回事，做不做是另一回事。冉有对孔子说，我不是不喜欢您的“道”，我只是力量不足而已。孔子说：“力不足者，中道而废。今女画。”(《论语·雍也》)如果力量不足，应该是走到半路不得不停下来；你却是根本还没开始走。

孔子周游列国，受到诸多磨难，甚至差点丢掉性命。但是，

他始终坚信："文王既没，文不在兹乎？"（《论语·子罕》）自从周文王死后，先圣传下来的文明不就在我身上吗？上天如果不想使文明灭绝，这些困难能把我怎么样呢？直到今天，当我们步入文庙，看到大成殿上写有"斯文在兹"4字的匾额，仍能感受到孔子的使命担当和人格力量。

孔子的一生，都是在"知其不可而为之"。一方面，他是在"做自己"，通过"自明诚"的修养，让自己不断地"止于至善"；这"一半"愿望，他实现了。另一方面，通过"人能弘道"的自觉行动，积极入世，推动这个世道向前走哪怕极小的一步。"道其不行"，我来"弘道"！遗憾的是，以道德自觉促道德实现的这"另一半"愿望，没有能够真正完成。

然而，正是因为没有完成、无法实现，孔子的豪情才会让后人如此景仰，"虽不能至，然心向往之"。正如明代思想家李贽在《与焦弱侯》中所言："非豪杰而能为圣贤者，自古无之。"

zǐ yuē dào qí bù xíng yǐ fú

子曰："道①其②不行③矣夫④！"

①道：中庸之道。②其：表示推测的语气词，大概，恐怕。③行：实行。④夫：语尾词，表示感叹。

dì liù zhāng

第六章

本章共 36 字。

《中庸》认为，知、仁、勇“三达德”（第二十章），是最重要的品德。所以，从本章开始至第十章，分别以大舜、颜子和子路为例，论述何为“三达德”，“三达德”为什么重要。

舜为什么身具“大智”？本章总结了四个原因。这四个原因，可以与第二十七章对“圣人之道”的论述联系理解。

第一，“好问”。任何人都不可能全知全能，孔子也说自己不是“生而知之者”，舜为人们做出了“不耻下问”的榜样。“问”就是“学”，在汉语中，“学问”是分不开的。天下万事，都在学问中，所以，简单的习惯养成可以达至极高的境界，这就是“道问学”，这就是“温故而知新”。如朱子所说：“以其不自用而取诸人。”通过向别人学习，不断累积学识，提升修养。

第二，“好察迩言”。重视在浅近处、细微处用力，有很多好处：首先，这样得到的信息是真实可靠的，区别于很多“八股文章”；其次，可使“无遗善可知”，把好的经验、好的作为都收集起来；再次，更加考验和锻炼管理者的能力水平，从“常人言语”中收获“至理”，获得具有普遍意义的指导方法。想要“致广大”，先要“尽精微”。

第三，“隐恶而扬善”。对不好的言论和行为，“隐而不宣”；对好的人和事，则广而告之。这样，既体现了管理者的“广大光

明”，又能引导整个社会与人为善、趋善向善。孟子说：“君子莫大乎与人为善。”（《孟子·公孙丑上》）这样的领导者，怎么会没有凝聚力、向心力呢？这就是“尊德性”，就是“敦厚以成礼”。

第四，“执两用中”。“两端”，朱子认为是“众论不同之极致”。能够把握广大民众中的这种“极致”，“执其两端”，审慎对待“过”与“不及”，选取最符合实际的施政措施，“用其中于民”，这就是集中天下智慧于一身的大智慧，这就是“极高明而道中庸”。

孔子和孟子对舜都有很高的评价。孟子说：“舜明于庶物，察于人伦。由仁义行，非行仁义也。”（《孟子·离娄下》）他是以仁义之心行仁义之事，而不是打着仁义的旗号去做事；既修身，又治人，将中和之性与中庸之用统一到社会管理之中。

孔子说：“无为而治者，其舜也欤？”因为他只需要“恭己正南面而已矣”（《论语·卫灵公》）。为什么他只需要坐在那里就可以了？治国理政这么容易？因为他已经将国家导入中庸之道。“譬如北辰，居其所而众星共之。”（《论语·为政》）什么时候看到北极星在那里忙忙碌碌？它只需要待在那里，众星自然会环绕它运行。

中庸之道就是成圣希贤之道。孟子说，“人皆可以为尧舜”（《孟子·告子下》）。可是有多少人能真正做得到？

zǐ yuē shùn qí dà zhì yě yú shùn hào wèn
子曰：“舜其①大知②也与③！舜好④问
ér hào chá ěr yán yǐn è ér yáng shàn zhí qí liǎng
而好察⑤迩言⑥，隐恶而扬善⑦，执其两
duān yòng qí zhōng yú mín qí sī yǐ wéi shùn hū
端⑧，用其中于民⑨，其斯以为舜乎⑩！”

① 其：表示推测，恐怕，应该。② 大知：极富智慧的人。知，同“智”，明智，聪明。③ 与：表示感叹的语气词。④ 好：喜好，喜欢。⑤ 察：省察。⑥ 迩言：浅近的话，指发生在日常生活中的事情。能从看似普通浅近的事情中吸取智慧，这是大智慧。迩，近，与“遐”反义。⑦ 隐恶而扬善：包容别人的恶行缺点，宣扬人们的善行嘉言。隐，隐弃，隐讳，包容。扬，宣扬，弘扬，推举。⑧ 执其两端，把握事物的两头。执，把握，把持。两端，同一事物中相互对立的两个方面，这里指“过”与“不及”这两个极端。⑨ 用其中于民：（把握事物的两端之后）采纳适中之处（也就是中庸之道）加以运用，来治理民众。⑩ 其斯以为舜乎：这大概就是舜能成为舜的原因吧！其，表示推测。斯，这，此。以为，因此成为。

dì qī zhāng
第七章

本章共 39 字。

上一章讲舜的大智慧，这一章讲一般人的小聪明。

“自以为是”是一般人容易犯的过错，如此犯错的人往往并不愚笨。走进牢笼、落入陷阱，不是因为“蠢”，而是因为“犯蠢”，是被外在的诱惑、内心的私欲蒙蔽了心智。于是，嘴里说着、心里想着“我很聪明”，却眼睁睁自投罗网。

本章中有三个“知”字。两处“予知”之“知”，为明智、聪明之意，自以为有“智慧”，很“聪明”；而“莫之知避”之“知”，就是本义，是“知道”“认知”的意思。荀子对“知”和“智”有精彩的区分：“知之在人者谓之知，知有所合谓之智。”（《荀子·正名》）前者是人用来认知事物的能力，这是“知觉”；当这种“知觉”与所认知的事物有所符合时，就进而为“智慧”。不言而喻，如果“知觉”受到影响，不能正确、全面地感知事物，就会作出错误的判断，最后形成的“智慧”就只能是自己以为的“智慧”，也就是本章所说的“予知”之“知”。

心智如果没有受到蒙蔽，就一定会达至中庸之德吗？还要看能否坚守。王阳明说：“知而不行，只是未知。”（《传习录》）强调“知行合一”，才能美善。实际上，知而不长行，也只是未知，如果不能坚守、长守，说明仍未能真正克制私欲，中庸只能是求而不得、得而复失。

世上其实不缺高智商的人，不缺认知能力强大而知识渊博的人；但自古以来，人们从来不把渊博的学者称为“圣人”。孔子称“圣”，绝不仅仅因为他好学、博学；舜有“大知”，绝不是因为他的知识无人可比；他们与常人的区别，只在德性智慧。别人“不堪其忧”，自己却能“不改其乐”的颜子能够“优入圣域”，就是这个道理。

zǐ yuē rén jiē yuē yú zhì qū ér nà
子曰：“人①皆曰‘予知’②，驱③而纳④
zhū gǔ huò xiàn jǐng zhī zhōng ér mò zhī zhī bì yě
诸⑤罟擭⑥陷阱⑦之中，而莫之知辟⑧也。
rén jiē yuē yú zhì zé hū zhōng yōng ér bù néng jī
人皆曰‘予知’，择乎中庸⑨而不能期
yuè shǒu yě
月⑩守⑪也。”

① 人：一般人。② 予知：我聪明。予，第一人称代词，我。知，同“智”，明智，聪明。③ 驱：驱赶，驱逐。④ 纳：纳入，落入，使进入。⑤ 诸：“之于”的合音。⑥ 罟擭：泛指捕兽的器具。罟，罗网。擭，装有机关的捕兽木笼。⑦ 陷阱：为捕兽而挖掘的深坑。⑧ 莫之知辟：即莫知辟之，不知道躲避它。知，知道。辟，躲避，逃避。⑨ 择乎中庸：（即使）认同、选择了中庸之道。⑩ 期月：一整月，比喻很短的时间。⑪ 守：坚守，奉行，坚持而不离开。

dì bā zhāng

第八章

本章共 24 字。

前面两章讲“知”，这一章由“知”转“仁”。

孔子有弟子三千、贤者七十二，让他最喜爱、最满意的，无疑是颜回。

上一章孔子感叹一般人“择乎中庸而不能期月守也”；这一章孔子赞扬颜回“择乎中庸，得一善，则拳拳服膺而弗失之矣”。形成鲜明的对比。

“仁”在孔子那里是最高的修养境界和道德标准，很少有人能达到。孔子的学生子路、冉有、公西华都很优秀，但孔子认为他们都未能做到“仁”。不过，很少有人能达到，不是没有人能达到，颜回就是一个。孔子说：“回也，其心三月不违仁。其余则日月至焉而已矣。”（《论语·雍也》）颜回可以做到三个月不背离“仁”，其他人最多短时间能做到罢了。有人会问，三个月之后呢？苏东坡早就回答过这个疑问：“夫子默而察之，阅三月之久，而造次颠沛无一不出于仁，知其终身弗畔也。”孔子默默观察了三个月之久，知道他终身不会叛离仁道。因为“君子无终食之间违仁，造次必于是，颠沛必于是”（《论语·里仁》），真正的君子不会在一顿饭的工夫内违背“仁”，即使仓猝急迫的时候、即使颠沛流离的时候，都会施行“仁”。这就是孔子所说的“力行近乎仁”（《中庸》第二十章），这就是“道也者，不可须臾离

也，可离非道也”的道理。

心具仁德的人，一定是最坚强的人，一定是最乐观的人。孔子评价颜回说：“贤哉回也！一箪食，一瓢饮，在陋巷，人不堪其忧，回也不改其乐。贤哉回也！”（《论语·雍也》）即使疏食饮水，也能乐在其中。可知明心见性之后，“仁”会带给人心智的愉悦和圆满。“不仁者不可以长处约，不可以久处乐。仁者安人，智者利人。”（《论语·里仁》）不仁者不能长久处于穷困之中，因为德性未到，承受不住；也不能长久处于安乐之中，同样因为德性未到，无法自律。只有仁者才能够安心于仁道，也只有智者才能够取利于仁道，“修身以道，修道以仁”。

智者，不一定是仁者；而仁者，一定是有大智慧者。

子曰："回①之为人也，择乎中庸，得一善②，则拳拳③服膺④而弗失⑤之矣。"

zǐ yuē huí zhī wéi rén yě zé hū zhōng yōng dé yí shàn zé quán quán fú yīng ér fú shī zhī yǐ

① 回：孔子的弟子颜回，字子渊，因此也称颜渊，后人称其为"颜子"，鲁国（今山东曲阜）人，大概比孔子小三十岁。② 善：好，指中庸的道理。③ 拳拳：忠谨恳切、奉持不舍的样子。④ 服膺：牢记心中，真诚信服。服，放置。膺，胸。⑤ 弗失：不放弃，不丢失。弗，不。失，背离，放弃。

dì jiǔ zhāng
第九章

本章共 25 字。

第六章以大舜为例，从正面讲“大智慧”；第七章以一般人为例，从反面讲“小聪明”，都是在说“知”。第八章以颜子为例由“知”转“仁”。本章则将“知”“仁”“勇”三达德放在一起论述，从而更衬托出中庸之高深、实现之艰难。

什么是“知”？治理天下国家其实是很难的，治理好更难，只要看每个时代都有邦国灭亡就知道了。但说难又不是太难，只要有公平公正之心就能做到。“盖均无贫，和无寡，安无倾。”（《论语·季氏》）付出努力后只要能获得公平的回报，就不会因为分配不均而人心动荡；在这样的环境中，人与人之间亲善和谐，就不必担心人口不繁庶；社会安定了，就不必担心国家倾覆。“政者正也。”（《论语·颜渊》）从国家治理角度上说，公正公平，是最大的智慧。

什么是“仁”？高官厚禄，当然是人人都喜欢的，无可厚非。但是，“邦无道，谷，耻也”（《论语·宪问》），“不以其道得之，不处也”（《论语·里仁》）。面对物欲，很多君子都能“先义后利”“以义为利”，乃至“义而不利”。这个“道”，这个“义”，就是靠心中至高无上的“仁德”在支撑。

什么是“勇”？“白刃可蹈”，史不绝书。为什么那些人能够做到“威武不能屈，富贵不能淫，贫贱不能移”（《孟子·滕文公下》)？因为，“生，亦我所欲也；义，亦我所欲也。二者不可得兼，舍生而取义者也。生亦我所欲，所欲有甚于生者，故不为苟得也；死亦我所恶，所恶有甚于死者，故患有所不辟也”(《孟子·告子上》)。在大是大非面前，应该如何选择，无数先贤已经给后人做出了榜样。而且，从人性的角度来说，不惜一死、舍生赴死、视死如归，当然是“勇”；而为了崇高的目标，竟然不能去死，必须忍受长时间的侮辱，去承担起道义大任，其实更加痛苦，也更见“弥天大勇”。这些人，都是民族的脊梁。

这三种如此重要而艰难的大事都可以做到，然而，“中庸不可能也”。因为，世上有一些事情，有智慧、有能力就可以做到；有一些事情，有决心、有勇气就可以做到；但实现“中庸”，还要有仁爱、有意愿，需要内外兼修，需要知、仁、勇兼能。

所以我们说“中庸”的意蕴与“至善”其实是一致的。如同“至善”永远不可能达到极致、“永远在路上”一样，“中庸”也是一个修养锻炼的过程，引导着人们“苟日新，又日新，日日新”，不断日新其德，不断“止于”一个又一个新境界。从这个意义上讲，与其说“中庸”是一个目标，不如说是一条道路，是“存养省察”“成尧舜”的一种方法。

zǐ yuē tiān xià guó jiā kě jūn yě jué
子曰："天下①国②家③可均④也，爵

lù kě cí yě bái rèn kě dǎo yě zhōng yōng bù
禄⑤可辞⑥也，白刃⑦可蹈⑧也，中庸不

kě néng yě
可能⑨也。"

①天下：天子所有的土地人民。②国：天子分封给诸侯的土地人民。③家：诸侯分封给卿大夫的土地人民，即采邑。④均：治理，平定。⑤爵禄：爵位和俸禄。周代的爵位分公、侯、伯、子、男五等。⑥辞：推辞，不接受。⑦白刃：闪着亮光的锋利刀刃。⑧蹈：踩，踏。⑨不可能：不能做到。可，可以。能，胜任，能做到。

dì shí zhāng

第十章

本章共92字。

“南方之强”宽容温厚，以德报怨。孔子评价为“君子居之”，意思是居住在南方、拥有这种品性的人，以“君子”自居。

“北方之强”强悍刚勇，视死如归。孔子评价为“强者居之”，意思是居住在北方、拥有这种品性的人，以“强者”自居。

我们知道，“君子”在孔子和儒家的评价体系里，居于极高地位。“君”，指天子、诸侯和有封地的卿大夫等地位崇高的人，“君之子”想接“君”之位，必须完成品德和能力的系统教育，合格之后才能“上位”。也就是说，因为你“是”尊贵的人，所以你“应该是”高尚的人。正是在“君子”这个本义上，引申出我们今天都知道的“君子”的定义——品行高、修养好、贡献大的人。

“强者”，则是刚毅坚强的人。显然，从字面上看，“强者”与“君子”有很大差距。那么，孔子是认为“南方之强”远远好于“北方之强”吗？不能这么简单地看。

其实，在下文中孔子已经直接给出了答案。什么是真正的强？仅仅宽容和顺不行，既要“和”，更要“不流”；只有“中立”，才能“不倚”。也就是说，要有主见，不迁就，守道义，有独立精神。

南方风气柔弱，以含忍之力胜人，当然可取，所以孔子说

“君子居之”；北方风气刚烈，以强勇之力胜人，这也不是什么坏的品性，所以孔子说“强者居之”。但是，二者均只得“中”道之一端，用“三达德”来参验，以“仁”而论，前者过之，后者不及；以“勇”而论，前者不及，后者过之，均非“大智”。在孔子心目中，最高的境界应该是“和而不同”的“时中”之道，面对强弱时一视同仁，身处顺境时不忘初心，身处逆境时至死不悔。这才是真正的强大。

人是这样，国家也是如此。既不以强凌弱，也不任人欺凌，千百年来已经成为我们的民族性，直到今天我们仍是那个“中国”。这种民族性是如何“存养”的？是如何传承的？答案就在我们正在读的经典之中。

还有值得注意的一点：孔子这些话是针对子路讲的。

子路是孔门弟子中很有特色的一个人。孔子评价他“片言可以折狱”(《论语·颜渊》)，审理案件时，仅凭当事其中一方的言辞，就可以判明案情。子路“无宿诺”，作出的承诺总是及时兑现，甚至不过夜。从这里可以看出，他的能力很强，否则如何能够如此痛快地断案？如何能够及时履行诺言？同样可以看出，子路性情爽直勇敢，但也会失之鲁莽。

孔子是一位伟大的教育家，“因材施教”正是他教学智慧的体现。对于同样一件事情，他与不同的弟子对话时，关注的角度往往不同。《论语·先进》记载，子路向孔子请教“闻斯行诸”——听到了就该行动吗？孔子回答，你有父兄在，遇事应该商量，怎么能听到就行动呢？冉有也问这个问题，孔子说，当然，听到了就该行动。公西华非常不解，为什么同一个问题，回答截然不同呢？孔子解释说，冉有这个人性格保守，所以要鼓励他；子路则好勇鲁莽，所以要抑制他。

孔子其实非常喜欢子路。有一次，他感叹说，我的“道”不能施行啊，干脆乘小筏子漂往海外吧；能够始终跟随我的，大概只有仲由吧！子路听到大为欢喜。孔子赶紧又“打击”他一下：“由也好勇过我，无所取材。”（《论语·公冶长》）不足取啊！

所以，子路问强，孔子以南、北方的优点和差别来教育他，希望他能学习二者之长，以益于己身，使“而（尔）强”刚柔相济，从“血气”之强修炼成“道义”之强，实现真正的强大。

子路①问强②。

子曰："南方之强与？北方之强与？抑③而④强与？

"宽柔以教，不报无道⑤，南方之强也，君子居⑥之。

"衽金革⑦，死而不厌⑧，北方之强也，而强者居之。

"故君子和而不流⑨，强哉矫⑩！中

①子路：孔子的弟子，姓仲，名由，字子路，又字季路。鲁国卞（今山东泗水）人，性格直爽勇武。②强：刚强，强盛。③抑：表示转折或选择的连词，此处表示选择，相当于"还是"。④而：同"尔"，第二人称代词，你，你的。郑玄认为，这里指"你所居之地"，与南方、北方并列为三地。⑤宽柔以教，不报无道：以宽厚柔和的态度待人，不报复无道之人。教，教化，对待。报，报复。无道，指强横无理的人。⑥居：自处，自居。⑦衽金革：以金革为枕席。衽，衣襟或卧席，此处用为动词，以之为衣（穿戴）或席（躺卧），意思是随时准备战斗。金，指金属兵器。革，指皮革制成的甲盾。⑧死而不厌：死了也不后悔。厌，嫌恶。⑨和而不流：性情平和但并不随波逐流、同流合污。⑩强哉矫：坚强出众的样子。矫，独立不群的样子。

lì ér bù yǐ qiáng zāi jiǎo guó yǒu dào bú biàn sè

立而不倚①，强哉矫！国有道，不变塞②

yān qiáng zāi jiǎo guó wú dào zhì sǐ bú biàn qiáng

焉，强哉矫！国无道，至死不变③，强

zāi jiǎo

哉矫！”

① 倚：偏。② 不变塞：不改变志向。变，改变。塞，困厄、穷困时的志向。③ 不变：不改变自己的原则。

dì shí yī zhāng

第十一章

本章共50字。

从第二章开始，连续引用孔子的十段言论，“以明首章之义”，阐明第一章的宗旨。第十一章引用了孔子的第十段言论，作为对第一篇的总结。

本章有两个难解之处。

一是第一句中的“素隐行怪”。有人认为，“素”字是“索”字之误，《汉书》中记载这句话就作“索”，“索隐”就是“专门搜寻偏僻的道理”。朱子也持这种观点。这样，这句话就当解为：“深求隐僻之理，造成举止诡异。”“行怪”是由“索隐”导致的，因果相联。但是，“后世有述焉”，显然不仅仅是因为举止诡异才为后世所“述”，这个“述”，是记述的意思，甚至有“称述”的含义在其中，孔子整理“六经”，就自称“述而不作”。然而，孔子无论如何也不必对这种行为专门表示一下“吾弗为之矣”（我不做这样的事）。另一种观点，则直接就“素隐行怪”进行阐释。这句话当解为：“一直隐居（但又不甘于寂寞），以特立独行的举止（标榜自己的不同），吸引别人的关注。”联系下文，第三句话中，孔子对前两句中的两种不同行为分别作出评价，“遁世不见知而不悔”，显然是就“素隐”也就是“一直隐居”而来的。而对于特立独行的举止，即使“后世有述焉”，但其不合中庸之旨，所以孔子也“弗为之矣”，就说得通了。因此，这里不取“索”字。

二是第二句和第三句中的两个“君子”。第三句是孔子的总结性言论，这里的“君子”当然是褒义的，是孔子所认同的“圣者”。但第二句中的“君子”，显然是孔子不认同的，因其“半涂而废”，而“吾弗能已”。这显然是矛盾的，总不能孔子所不赞同的“半涂而废”的人也是君子，所赞同的“依乎中庸”的人也是君子。一个合理的推论是，第二句中的“君子”二字，可能是衍文。我们如果把这两个字去掉，整段话的逻辑就很清晰了：

第一种人，不是因时势变化而独善其身，而是为隐居而隐居，却又心有不甘，欺世盗名。这不是“中庸”，恰是“反中庸”。孔子说，“吾弗为之矣”，我不做这种人。

第二种人，虽然心向“中庸”，却不能坚持到底，也就是“力不足者，中道而废”（《论语·雍也》）。孔子说，“吾弗能已矣”，我是不能停止的。

如果第二种情况是“不及”，那么第一种情况就是非常离谱的“过之”了。孔子认同的是什么呢？“君子依乎中庸，遁世不见知而不悔。”他追求的是德行境界，是永无止境、绝不止步的“成己”；不论“遁世”还是“入世”，不论“见知”还是“不见知”，都不值得后悔，其实也都不值得炫耀。

孔子最后说，这种境界，“唯圣者能之”。我们对比一下上一章中，南方之强的君子“居之”，北方之强的强者“居之”。孔子这里用了“能之”，但不是自己“能之”，更不是自己“居之”，而是“圣者能之”。孔子是不是君子？是不是强者？是不是圣者？是！但是圣人之所以为圣人，就是因为虽强而不自大，虽明而不自高，绝不自居于强、自居于圣，这才是真正的“大人”。

子曰（zǐ yuē）：“素隐行怪（sù yǐn xíng guài）①，后世有述（hòu shì yǒu shù）②焉（yān），吾弗为之矣（wú fú wéi zhī yǐ）。

“君子遵道而行（jūn zǐ zūn dào ér xíng）③，半涂（bàn tú）④而废（ér fèi），吾弗能已（wú fú néng yǐ）⑤矣（yǐ）。

“君子依乎中庸（jūn zǐ yī hū zhōng yōng），遁世（dùn shì）⑥不见知（bú jiàn zhī）⑦而（ér）不悔（bù huǐ），唯圣者（wéi shèng zhě）⑧能之（néng zhī）。”

① 素隐行怪：一直隐居（但又不甘寂寞）却以特别的举动吸引别人注意。素，平素，一直。隐，隐居。怪，怪异，特别。《汉书·艺文志》作“索隐行怪”，“索”是探索、寻求的意思，那么“索隐行怪”就应解为“探求隐僻之理，造成举止诡异”，朱子也是这种解释。因为本章下文有“遁世不见知而不悔”，所以不取“索”字。② 述：记述，称述。③ 遵道而行：遵守中庸之道做人行事。④ 涂：道路。⑤ 已：止，停止。⑥ 遁世：避世隐居。⑦ 见知：被知道，被了解。见，被。⑧ 圣者：圣人。

dì shí èr zhāng

第十二章

本章共114字。

《中庸》全书的首章，是子思根据先代圣王“所传之意”，包括孔子等“父师之言”，所传述的《中庸》的总纲。然后连续引用十段孔子的言论，来论证、解释这个总纲。总纲加上十段孔子言论，共十一章，构成《中庸》第一大部分，我们称之为“第一篇”。这个总纲是子思“所传”，但不能说是子思“所作”。

本章作为第二部分的首章，则是子思“所作”之言，是对总纲中“道也者，不可须臾离也，可离非道也”这一句话的具体论述。然后连续引用八段孔子的言论来佐证、阐释“可离非道”的含义。子思所立之言加上孔子八段言论，共九章，构成《中庸》第二大部分，我们称之为“第二篇”。

两篇结构的相同之处在于，都是“杂引经传”来论证观点。不同之处在于，第一篇是以圣人之言论证圣王之意，第二篇则是以圣人之论阐释作者之言。让圣人“为自己说话”，其权威性当然不容置疑。此后，后世学者引用圣人权威言论来证明自己的观点，成为一种独特的体例。

本章的中心思想，其实就是“致广大而尽精微”7个字。破题第一句，“君子之道费而隐”，就是说君子之道，也就是中庸之道，既广大又精微。广大，体现在功用上，无所不在、无时不在、无边无际、天人合一，不论是匹夫匹妇，还是明王圣人，都离不开“道”的影响。精微，则体现在本体上，细微而又精深。说到细微，连“不肖”的普通夫妇，都或多或少能够感知；说到精深，即使圣人也不能尽知尽悟。道，既然“广大”无所不在，当然也就“不可离”，客观上“不可能”离；道，既然“精微”令人向往，当然也就“不可须臾离”，“可离非道也”，离开了，就无法感悟其中真理，主观上“不愿意”离。

“鸢飞戾天，鱼跃于渊”，短短8字，为我们描绘出一幅多么灵动、鲜活而又生机无限的天地景象。这种生机，绝不仅仅体现在我们所看到的自然图景中，更是对内心深处“中和”之道的触发——正是“发而皆中节”。愈是体会“道”的深邃，愈是明了自己的渺小，“犹有所憾”；愈是感悟“道”的精微，愈是焕发自新的动力，“察乎天地”。

君子之道费而隐①。

夫妇之愚②，可以与知③焉；及其至④也，虽圣人亦有所不知焉。夫妇之不肖，可以能行焉；及其至也，虽圣人亦有所不能焉。天地之大也，人犹有所憾⑤。故君子语大⑥，天下莫能载⑦焉；语小，天下莫能破⑧焉。

① 君子之道费而隐：君子所秉持的中庸之道，其功用广阔宏大，其本体精微奥妙。费，（功用）广大。隐，（本体）精微。② 夫妇之愚：见识寻常的普通男女。夫妇，匹夫匹妇，指普通人。愚，平常的见识。③ 与知：参与，了解，践行。④ 至：极致，最精妙高深的境界。⑤ 憾：遗憾，抱怨，不满足。⑥ 语大：从（中庸之道）大的方面说。语，名词动用，说。下文小，指（中庸之道）小的方面。⑦ 载：承载。⑧ 破：破析。

shī yún yuān fēi lì tiān yú yuè yú yuān
《诗》云①："鸢飞戾天，鱼跃于渊②。"

yán qí shàng xià chá yě
言其上下察③也。

jūn zǐ zhī dào zào duān hū fū fù jí qí zhì yě
君子之道，造端④乎夫妇，及其至也，

chá hū tiān dì
察乎天地。

①《诗》云：此句出自《诗经·大雅·旱麓》。这首诗描写祭祀求福之事。②鸢飞戾天，鱼跃于渊：鹞鹰飞上高空，鱼儿跃入深渊。鸢，鹰类猛禽。戾，到达。渊，深潭。③察：昭著，明显。④造端：开端，开始。

dì shí sān zhāng

第十三章

本章共153字，说了两个道理："道不远人"与"以人治人"。

所谓"道不远人"，是说修道就是做人，"率性之谓道"，顺从本性就是"道"。所以"道"虽高深，修道却不能故作高深。"道"既然无处不在，就应该从身边浅近处着手，切不可好高骛远，因为由低才能到高，由近才能及远。高深之道，其实就在平凡人事之中。《诗经》中唱道，砍削木材做斧柄，斧柄就在手中握。斧柄的式样就在你手中，你反而"睨而视之，犹以为远"，不正眼看近在眼前的式样，却想到远方去找寻。

所谓"以人治人"，就是"以其人之道，还治其人之身"。因为"道不远人"，"道"其实就在各人身上，只不过有的人身上多，有人的身上少；有人的身正，有人的身邪。那么就用多的帮助少的，用正的帮助邪的。这个"道"，就是"忠恕之道"。

朱子解释说，"尽己之谓忠，推己之谓恕"。所以，"忠"其实就是"以己治己"，不断修养自己，日臻于"至善"。"恕"则有两层含义：一是"己所不欲，勿施于人"(《论语·颜渊》)，不愿让人施加给自己的东西，自己也不要施加给别人，设身处地，将心比心。二是"己欲立而立人，己欲达而达人"(《论语·雍也》)，自己想立得住，也要帮人能立得住；自己想行得

通，也要帮人能行得通。前者是基本的道德标准，立身处世的底线规范；而后者则是更高的道德要求，通向“圣人”的必由之路。显然，应该先从前者入手去做，这才是“仁之方”，实现仁德的方法途径。

为了论证“君子之道费而隐”，这里直接让孔子拿自己“举例说明”，强调“及其至也，虽圣人亦有所不知焉”，“虽圣人亦有所不能焉”。孔子说“君子之道四”，他一个都没能做到。一方面，我们理解为这是圣人对自己的严格要求，是“反求诸其身”的“尽己之谓忠”。其实，未能“子以事父”，不是孔子所愿意的，他三岁的时候父亲已经去世了；未能“臣以事君”，是那个时代不能实现他的理想；未能“弟以事兄”“朋友先施之”，显然也是自谦。另一方面，这也体现出孔子对大道的敬畏和追求，时刻反躬自省，努力从人伦日用中修养自己，这就不仅仅是自谦自勉，而是上升到了“自尊”的境界。

从“庸言”“庸行”的“平常”里做起，踏踏实实，做一个真诚的君子，这就是圣人给我们的“现身说法”。

zǐ yuē dào bù yuǎn rén rén zhī wéi dào ér yuǎn
子曰："道不远①人。人之为道而远

rén bù kě yǐ wéi dào
人，不可以为道。

shī yún fá kē fá kē qí zé bù
"《诗》云②：'伐柯伐柯③，其则④不

yuǎn zhí kē yǐ fá kē nì ér shì zhī yóu yǐ wéi
远'。执⑤柯以伐柯，睨⑥而视之，犹以为

yuǎn gù jūn zǐ yǐ rén zhì rén gǎi ér zhǐ
远。故君子以人治人，改而止⑦。

zhōng shù wéi dào bù yuǎn shī zhū jǐ ér bú yuàn yì
"忠恕违道不远⑧，施诸己而不愿，亦

wù shī yú rén
勿施于人。

jūn zǐ zhī dào sì qiū wèi néng yī yān suǒ qiú hū
"君子之道四，丘未能一焉：所求乎

zǐ yǐ shì fù wèi néng yě suǒ qiú hū chén yǐ shì jūn
子以事父，未能也；所求乎臣以事君，

wèi néng yě suǒ qiú hū dì yǐ shì xiōng wèi néng yě suǒ
未能也；所求乎弟以事兄，未能也；所

① 远：远离。②《诗》云：此句出自《诗经·豳风·伐柯》。这首诗是西周时期的山歌，以"伐柯"比喻择偶的标准。③ 伐柯：拿着斧子砍削木料做斧柄。柯，斧柄。④ 则：尺度，法则。这里指斧柄的式样。⑤ 执：手持。⑥ 睨：斜视。⑦ 以人治人，改而止：以自己（第一个"人"）所修养的中庸之道来管理别人（第二个"人"），（别人）如果改正自新了就停止。⑧ 忠恕违道不远：做到忠和恕就离道不远了。忠，尽己之心为忠，对己对人负责为忠。恕，"己所不欲，勿施于人"。违，离。

求乎朋友先施之，未能也。庸德之行①，庸言之谨②，有所不足，不敢不勉③，有余不敢尽④。言顾行，行顾言⑤，君子胡不慥慥尔⑥？”

①庸德之行：平常道德的实行。②庸言之谨：平常说话谨慎。③不敢不勉：接上文“庸德之行”，不敢不勉力去做。④有余不敢尽：接上文“庸言之谨”，留有余地，不把话说满。⑤言顾行，行顾言：说的话要照顾到行动（能否做到），做的事要照顾到承诺（是否完成）。⑥胡不慥慥尔：（这些都做好了）怎么能不忠厚诚实呢？胡，何，怎么。慥慥，笃实，忠厚诚实的样子。

dì shí sì zhāng 第十四章

本章共111字，最后一句是引用的孔子言论，其他则是子思的话。

有三个关键词需要特别注意：素其位，正己，命。

素其位，表层意思是让人安守本分。人来到世间，有些东西是与生俱有的，无法选择，或富贵，或贫贱，这是“命”中所定；居于夷狄，处于患难，也不能主动避开。面对无法改变的环境，只能增强内心的承受力，清楚自己所“止”之处，先安定下来。这就是“知止而后有定，定而后能静，静而后能安，安而后能虑，虑而后能得”。

然而，仅仅是安守本分，还做不到“能得”。那么，如何“无入而不自得”呢。子贡向孔子请教：“贫而无谄，富而无骄，何如？”贫困但不因贫困而自卑，不对人谄媚；富贵但不因富贵而自大，不对人骄狂，这样做人怎么样？子曰：“可也，未若贫而乐，富而好礼者也。”（《论语·学而》）这样也不错，但比不上贫困而乐道，富贵而好礼。所以，“素其位”后面，需要“行其位”。贫贱者如何“行乎贫贱”？虽贫贱，而乐道。富贵者如何“行乎富贵”？居富贵，而好礼。

既“安守本分”，不使环境扰乱人心，又“顺受其正”，作出积极回应，此所谓“力行近乎仁”。这就是“正己”。只要把握了“中道”原则，不论处于何等境遇，都可以“自得”，都可以“行道”，进而改变环境，改变命运。

如此，君子就称得上“知命”“俟命”了。什么是“知命”？孟子说得好：“莫非命也，顺受其正。”(《孟子·尽心上》) 没有什么不是命运影响的，顺应规律，就会得到正常的命运。“素其位而行”，“正己而不求人”，安处平淡踏实之处，努力提高自身修养，就有能力正确认识和对待得与失，“君子藏器于身，待时而动”(《易传·系辞传下》)。千万不能希图侥幸，为求富贵而“立乎岩墙之下”(《孟子·尽心上》)。就像射箭一样，如果没有射中靶心，应该在自己身上找原因。

jūn zǐ sù qí wèi ér xíng bú yuàn hū qí wài
君子素其位①而行，不愿乎其外②。

sù fù guì xíng hū fù guì sù pín jiàn xíng hū
素富贵，行乎富贵③；素贫贱，行乎
pín jiàn sù yí dí xíng hū yí dí sù huàn nàn xíng
贫贱；素夷狄④，行乎夷狄；素患难，行
hū huàn nàn jūn zǐ wú rù ér bú zì dé yān
乎患难。君子无入而不自得⑤焉。

zài shàng wèi bù líng xià zài xià wèi bù yuán
在上位，不陵⑥下；在下位，不援⑦
shàng zhèng jǐ ér bù qiú yú rén zé wú yuàn shàng bú yuàn
上。正己而不求于人，则无怨⑧。上不怨
tiān xià bù yóu rén
天，下不尤⑨人。

gù jūn zǐ jū yì yǐ sì mìng xiǎo rén xíng xiǎn yǐ
故君子居易⑩以俟命⑪，小人行险以
jiǎo xìng
徼幸⑫。

①素其位：安守于当下所处之位。素，平素，现在。这里用作动词，安守现在所居之位（做好本分所当为之事）。②不愿乎其外：不去企求羡慕本分以外的东西（名利）。愿，企慕，羡慕。③素……行乎……：安守现在所处的环境、地位，做好在这个环境、地位应该做好的本分之事。④夷狄：泛指边远地区的各民族。夷，东方的民族。狄，北方的民族。⑤无入而不自得：无论处于什么境地都能自得（中庸之境）。入，进入某种状况。⑥陵：欺凌。⑦援：攀附。⑧怨：怨恨。⑨尤：抱怨，指责。⑩居易：安居于平易之地。易，平易，平淡。⑪俟命：等待天命。俟，等待。命，天命，时机。⑫行险以徼幸：冒险以图侥幸成功。徼幸，即“侥幸”。

zǐ yuē shè yǒu sì hū jūn zǐ shī zhū zhēng gǔ
子曰："射①有似乎君子：失诸正鹄②，

fǎn qiú zhū qí shēn
反求诸其身。"

① 射：指射箭。② 失诸正鹄，反求诸其身：没有射中箭靶中心，要回头在自己身上找原因。正鹄，两种鸟。箭靶中心画上"正"或"鹄"的形象，"正"画在布上，"鹄"画在皮革上。

dì shí wǔ zhāng
第十五章

本章共52字，继续论述“道就在伦常日用之中”的道理。“素其位而行”，上一章中的这个“位”，侧重于宏观境遇和社会地位。“道不远人”，再近一点、再具体一点，在哪里呢？在家庭。

所谓“行远必自迩，登高必自卑”。其实，对于大多数人来说，一生所行并不遥远，能够登临治国平天下高度的人自古以来都属于少数；更多的人，一生的“事业”就在家乡，最大的“功业”就是“齐家”。然而，“天下之本在国，国之本在家，家之本在身”(《孟子·离娄上》)，即使那些参与了治国平天下“伟业”的少数人，也是从修身、齐家做起的。

“老吾老”才能“以及人之老”，“幼吾幼”才能“以及人之幼”。在家里，夫妻和乐、兄弟和睦、父子和顺，那么，面对乡亲、同事、朋友，才可致和美。“亲亲”才能“仁民”，“仁民”才能“爱物”。

“君子之道费而隐”，既广大，又精微。中国人就是从修养自己开始，从自己这一个社会的“分子”开始，再把自己置于人群之中，置于天地之间，来思考“人我”“人物”关系。所以，中华民族是最讲求和谐、和平的民族，中国文化是最讲求包容、仁爱的文化。

君子之道，辟如①行远必自迩，辟如登高必自卑②。

《诗》曰③：“妻子好合，如鼓瑟琴④。兄弟既翕⑤，和乐且耽⑥。宜尔室家⑦，乐尔妻帑⑧。”

子曰：“父母其顺⑨矣乎！”

① 辟如：譬如。辟，通“譬”。② 行远必自迩，登高必自卑：行路必由近及远，登高必由低至高。卑，低处。③《诗》曰：此句出自《诗经·小雅·棠棣》。此诗咏叹兄弟友好。④ 妻子好合，如鼓瑟琴：妻儿和乐，如弹瑟琴（那样和美）。妻，妻子。子，孩子，儿女。好合，合好，和睦。鼓，弹奏。⑤ 既翕：和顺，融洽。既，尽，都。翕，合。⑥ 且耽：又快乐。且，又。耽，安乐。⑦ 宜尔室家：使你家庭和睦。宜，适宜，使和睦。⑧ 帑：同“孥”，儿女。⑨ 顺：顺心舒畅。

dì shí liù zhāng
第十六章

本章共78字。

道，既“费而隐”，又“不远人”；既“视而不见，听而不闻”，又真实无妄。这不就如同鬼神一样无所不在、无时不在吗？所以，《中庸》强调“慎独”。

孔子从未明确说过世上究竟有无鬼神。《论语》和《孔子家语》中，直接谈论鬼神的代表性言论有如下几条：

1.祭如在，祭神如神在。子曰：“吾不与祭，如不祭。”(《论语·八佾》)

“如”神在，究竟在不在？存而不论。不论在不在，致祭要诚敬。先人也好，神明也罢，他们要么曾经造福于后人，要么总领山河，给人类以生息，所以，都值得人们尊重。因此，要祭，就要亲自参与；不参与，如同不祭。

孔子称赞过的鲁国贤人柳下惠，有一段关于“祭祀”的精彩论述：“夫圣王之制祀也，法施于民则祀之，以死勤事则祀之，以劳定国则祀之，能御大灾则祀之，能捍大患则祀之。”“及前哲令德之人，所以为明质也。”“法施于民”，是制定法则的；“以死勤事”，是以身殉国的；“以劳定国”，是安定天下的；“御大灾”“捍大患”，是抵御天灾人祸的。祭祀这些前代圣哲美德之人，可以传承信仰，取信于民，这就是“明质”。“加之以社稷

山川之神，皆有功烈于民者也”，“及天之三辰，民所以瞻仰也；及地之五行，所以生殖也；及九州名山川泽，所以出财用也”（《国语·鲁语上》）。土地、五谷、山川，都有功于人类；天上的日月星辰，地上的金、木、水、火、土，帮助人类繁衍生息；九州名山大川，帮助人们获得财用。那么，对这些先人，对这些“神明”，祭祀能不诚敬吗？

2. 子曰：“务民之义，敬鬼神而远之，可谓知矣。”（《论语·雍容也》）

孔子在回答“什么是智慧”的问题时，却又让人们把重点放在人事（民）上，放在“道义”上，“敬鬼神而远之”。

这是不是矛盾？其实，在孔子、在圣人那里，并不矛盾。

祭祀鬼神，祭祀祖先，让人心生敬畏，是确立一种道德观念，确立一种信仰力量，从而安定身心。

“敬”之后，而“远之”，则是防止普通民众缺乏识见、畏之过甚、丧失理性。敬，是“神道设教”；远，是“务民之义”。

荀子说：“祭者，志意思慕之情也，忠信爱敬之至矣，礼节文貌之盛矣。苟非圣人，莫之能知也。圣人明知之，士君子安行之，官人以为守，百姓以成俗。其在君子，以为人道也；其在百姓，以为事鬼也。”（《荀子·礼论》）祭祀是心意和思念的累积，是忠信爱敬的极点，是礼节仪式的展现。圣人理解它，君子实行它，官吏以为职守，百姓以为习俗。君子将其看作道义，百姓将其看作鬼神。

君子“以为人道”，就是孔子所说的“务民之义”。以“神道”为“教化”，这是对中庸之道的极致运用。因为，敬畏的本质是“诚”。不论君子因诚生“义”，“忠信爱敬”，还是将“神道设教”用于“化民成俗”，还是引导民众“敬而远之”，都是内心诚敬无欺的体现。

3. 子贡问于孔子曰：“死者有知乎？将无知乎？”子曰：“吾欲言死之有知，将恐孝子顺孙妨生以送死；吾欲言死之无知，将恐不孝之子弃其亲而不葬。赐（子贡名）欲知死者有知与无知，非今之急，后自知之。”（《孔子家语·致思》）

适应不同的对象，对应以相应的“中”的道理，使其得到各自的“中”，这才是“时中”。

需要注意，《中庸》的核心观念“诚”，在本章中第一次出现。

zǐ yuē guǐ shén zhī wéi dé qí shèng yǐ hū
子曰："鬼神之为德①，其盛②矣乎！

shì zhī ér fú jiàn tīng zhī ér fú wén tǐ wù ér bù kě yí
"视之而弗见，听之而弗闻，体物而不可遗③。

shǐ tiān xià zhī rén zhāi míng shèng fú yǐ chéng jì sì yáng yáng hū rú zài qí shàng rú zài qí zuǒ yòu
"使天下之人，齐明盛服④以承⑤祭祀。洋洋乎⑥如在其上，如在其左右。

shī yuē shén zhī gé sī bù kě duó sī shěn kě yì sī
"《诗》曰⑦：'神之格思⑧，不可度⑨思，矧⑩可射⑪思？'

fú wēi zhī xiǎn chéng zhī bù kě yǎn rú cǐ fú
"夫微之显⑫，诚⑬之不可揜⑭，如此夫⑮！"

① 鬼神之为德：鬼神所显示的德性功效。为德，朱子认为指的是"性情功效"。② 盛：盛大。③ 体物而不可遗：（鬼神的功效）体现在万物中，无所不在。遗，遗漏。④ 齐明盛服：斋戒沐浴，穿上庄重的祭服。齐，斋戒。明，（沐浴）洁净。盛服，即盛装。⑤ 承：承办。⑥ 洋洋乎：流动洋溢。⑦《诗》曰：此句出自《诗经·大雅·抑》，是一首告诫周平王的诗。⑧ 格思：来临。格，来，至。思，语气词。⑨ 度：揣度，揣测。⑩ 矧：况且。⑪ 射：同"斁（yì）"，《诗经》原文即作"斁"，厌怠不敬。⑫ 微之显：指鬼神之事既隐微又明显（因其无所不在）。⑬ 诚：真实无妄。⑭ 揜：掩盖，遮掩。⑮ 如此夫：（心中真诚的德行不可遮掩），就如同这（鬼神）一样啊！此，指上文所说的既微又显的鬼神。

dì shí qī zhānɡ

第十七章

本章共 103 字。

儒家认为，“君子务本，本立而道生。孝弟也者，其为仁之本与！”（《论语·学而》）“夫孝，德之本也，教之所由生也”（《孝经》）。孝悌是仁爱的根本，是德行的基础，是教化的起源。

孝，首先是奉养父母，使其衣食无忧；进而爱敬父母，使其心情愉悦，“父母其顺矣乎！”

然而，孝又不是这么简单。

曾子是个大孝子，对孝行有深刻的理解。他说：“大孝尊亲，其次弗辱，其下能养。”（《礼记·祭义》）孝有三层境界，最大的孝是使父母因你的优秀而受到尊重；如果不能，退而求其次，不要因为你的原因使父母受到羞辱；至于奉养父母，那是最基本的了。不过，曾子对孝道的感悟显然也是循序渐进的，他年轻时也犯过错误。《孔子家语》记载，“曾子耘瓜，误斩其根，曾晳怒，建大杖以击其背”，他的父亲曾晳大怒之下拿大棍子使劲打他。曾子没有躲避，被打晕了。醒来后，曾子先向父亲问安，随后回房弹琴唱歌，表明身体无恙，让父亲不要担心。孔子听说后非常生气，举出舜的例子教育他：舜的继母和弟弟厌恶他，多次唆使其父要害死他。每当父亲需要他的时候，舜总是及时出现；想要杀他的时候，舜总是不见踪影。所谓“小棰则待过，大杖则逃走”。

你这样顺从父亲的暴怒，“既身死而陷父于不义”，你死了，老父无人奉养，父亲也会因杀人而犯法。这是孝吗？

对孝道的理解和运用，体现出高明的“中庸”境界。在家中，做到了“孝悌”，就夯实了德行修养和齐家治国的基础：“君子之事亲孝，故忠可移于君；事兄悌，故顺可移于长；居家理，故治可移于官。”（《孝经》）孝于父母、忠于国家，就实现了孝亲与爱民的统一。所以说，孝的内发之爱，对于人心世道有无尽裨益，是中国文化最深层的真精神，也是形成“家国同构”传统的根由。

很多人读到“大德者必受命”这句话都不以为然，因为孔子本人就“有德而无位”，未受“天命”。然而，什么是道？什么是德？道，“导也”，德，“得也”。循道而为，自必有得；理应如此，不得不然。德行必受尊重，德政必得民心，这是一种是非的判断，是一种价值的引导，是一种信仰的确立。

孔子未得其“时命”，却得到了“长命”。至今，我们的生命还在接受他的“道（导）”，以求有所“得（德）”，以求“君子居易以俟命”。

从另一个角度想，孔子未得其命，未得其位，所以有更多的精力整理典籍，教育弟子，为华夏文明留下根与脉，留下源与流，这何尝不是中华民族的一大幸事。

子曰："舜其大孝也与①！德为圣人，尊为天子，富有四海之内，宗庙②飨③之，子孙保④之。

"故大德必得其位，必得其禄，必得其名，必得其寿。

"故天之生物，必因其材而笃焉⑤。故栽者培之⑥，倾者覆之⑦。

"《诗》曰⑧：'嘉乐⑨君子，宪宪令德⑩。

① 其……也与：表示肯定，感慨。与，句末语气助词，表示感叹等。② 宗庙：古代天子、诸侯祭祀祖先的地方。③ 飨：奉献供品以祭祀。④ 保：维护，保全。⑤ 因其材而笃焉：根据其材质来厚待养育。因，顺着。材，资质，本质。笃，深厚。⑥ 栽者培之：能栽培的，就尽心培育。⑦ 倾者覆之：倾倒（不能扶植）的，就让它倒伏。覆，摧败，毁灭。⑧《诗》曰：此句出自《诗经·大雅·假乐》，是一首为周王颂德的诗。⑨ 嘉乐：美善安乐。《诗经》作"假乐"，应为"嘉乐"。⑩ 宪宪令德：光明显耀的美德。宪宪，《诗经》作"显显"，显明兴盛的样子。令德，美好的德行。

yí mín yí rén shòu lù yú tiān bǎo yòu mìng zhī zì
宜民①宜人②，受禄于天；保佑命之，自
tiān shēn zhī
天申③之。'

gù dà dé zhě bì shòu mìng
"故大德者必受命。"

①民：普通民众。②人：贵族及官员。此处"民"和"人"的区别非常明确，参见第三章"民鲜久矣"的解读。③申：重复，一再。

dì shí bā zhāng

第十八章

本章共162字。这一部分接续上章“大德者必受命”的观点，从虞舜讲到西周，分别以周文王、周武王和周公旦为例，表明“父作子述”、圣德相传的道理。

其实，舜也好，文、武、周公也好，都只是时间长河中的一小段。当孔子在川观水，发出“逝者如斯夫！不舍昼夜”（《论语·子罕》）感慨的时候，想到的应该也不仅仅是时间的流逝，一定还有那些人和事。

孔子对先代明王的推崇，着眼点不是“偶像”崇拜，而是他们身上体现出的“道”，注重的是“道统”延续。

儒家对祭祀礼仪的重视，紧要处不在于隆重的形式，而是以内心的爱诚忠信，向先人身上体现出的价值观致敬，以引导后人“慎终追远，民德归厚”。通过祭祀，沟通天人，让逝者活在生者的心中，从而引发对前人事业功勋和文明创造的崇敬和重视，以传之后世、传之久远。中华民族的文化精神，就是通过这种方式，不断形塑，不断丰富，不断更化，不断创新。

zǐ yuē wú yōu zhě qí wéi wén wáng hu yǐ wáng
子曰：“无忧者，其惟文王①乎！以王

jì wéi fù yǐ wǔ wáng wéi zǐ fù zuò zhī zǐ shù zhī
季②为父，以武王③为子；父作之，子述之④。

wǔ wáng zuǎn tài wáng wáng jì wén wáng zhī xù
“武王缵⑤大王⑥、王季、文王之绪⑦，

yī róng yī ér yǒu tiān xià shēn bù shī tiān xià zhī xiǎn míng
壹戎衣⑧而有天下。身不失天下之显名，

zūn wéi tiān zǐ fù yǒu sì hǎi zhī nèi zōng miào xiǎng zhī
尊为天子，富有四海之内，宗庙飨之，

zǐ sūn bǎo zhī
子孙保之。

wǔ wáng mò shòu mìng zhōu gōng chéng wén wǔ zhī
“武王末受命⑨。周公⑩成文、武之

dé zhuī wàng tài wáng wáng jì shàng sì xiān gōng yǐ
德⑪，追王⑫大王、王季，上祀先公⑬以

tiān zǐ zhī lǐ sī lǐ yě dá hū zhū hóu dà fū jí
天子之礼。斯礼也，达⑭乎诸侯、大夫及

①惟文王：只有文王。惟，只。文王即周文王，姓姬，名昌，周武王的父亲。②王季：周文王的父亲，姓姬，名历，季是排行，号为“西伯”，意思是西方诸部落的领袖。③武王：周武王，姓姬，名发，灭亡商朝，建立了周朝。④父作之，子述之：父亲开创基业，儿子传承事业。⑤缵：继续，继承。⑥大王：指王季的父亲古公亶父。⑦绪：事业，功业。⑧壹戎衣：一举消灭了大国殷商。壹，同“殪（yì）”，杀死，诛杀。戎，大。衣，与“殷”音韵对转，即“殷”。《尚书·康诰》有“殪戎殷”的记载。朱子则认为，“壹戎衣”的意思是“一穿上戎衣（甲胄），就灭了殷”。⑨末受命：晚年接受天命做了天子。末，老，晚年。也有学者认为“末”是“终”的意思，最终，终于。⑩周公：姓姬，名旦，周武王之弟。周武王死后，继位的周成王年幼，由周公摄政。周公“制礼作乐”，是周代典章制度的主要制定者，奠定了中国礼乐文明的基础。⑪成文、武之德：完成了周文王、周武王的德业。⑫追王：追尊为王。⑬先公：周的历代祖先。⑭达：通行。天子之礼，全民皆要遵守。

士[1]庶人[2]。父为大夫，子为士；葬以大夫，祭以士。父为士，子为大夫；葬以士，祭以大夫。期之丧，达乎大夫[3]。三年之丧[4]，达乎天子：父母之丧，无贵贱，一也[5]。”

①士：介于大夫和平民之间的阶层，属于低级贵族。②庶人：平民。③期之丧，达乎大夫：为亲人（一般包括叔伯及未嫁姑母、兄弟及未嫁姐妹、儿子及未嫁女儿、长媳等）服一周年的丧期，这种制度通行到大夫一级。因为亲戚众多，天子、诸侯有天下事、国事需要治理，所以不能为旁亲一一服丧。④三年之丧：父母去世，儿子要服丧三年。⑤一也：为父母服丧，不论身份高低，礼制都是一样的。

dì shí jiǔ zhāng

第十九章

本章共 156 字。

“善继人之志，善述人之事”，这是后人对前人的“孝”。这样，前人的付出就有意义；我们也就能够相信，对于后人来说，我们的付出也不会白费。

祭祀，所祭的对象，与其说是祖先，不如说是我们内心认同的价值观。通过认同先人，而认同自己；通过祭祀先人，而教育后人。所以，“敬其所尊，爱其所亲，事死如事生，事亡如事存”。

这种文化传统可以让我们确信一个观念：死，不是结束，而是另一种延续。这就使得活着的人，对于修养明德，贡献社会，有了价值肯定，有了意义认定，并一代代传承下去，成为属于中国人的不朽信仰。

zǐ yuē wǔ wáng zhōu gōng qí dá xiào yǐ hū
子曰：“武王、周公，其达孝①矣乎！

fú xiào zhě shàn jì rén zhī zhì shàn shù rén zhī shì zhě yě
“夫孝者，善继人之志，善述人之事者②也。

chūn qiū xiū qí zǔ miào chén qí zōng qì shè qí cháng yī jiàn qí shí shí
“春秋③修其祖庙，陈其宗器④，设其裳衣⑤，荐其时食⑥。

zōng miào zhī lǐ suǒ yǐ xù zhāo mù yě xù jué suǒ yǐ biàn guì jiàn yě xù shì suǒ yǐ biàn xián yě lǚ chóu xià wéi shàng suǒ yǐ dài jiàn yě yàn máo suǒ
“宗庙之礼，所以序昭穆也⑦；序爵⑧，所以辨贵贱也；序事⑨，所以辨贤也；旅酬下为上⑩，所以逮贱⑪也；燕毛⑫，所

① 达孝：通达孝道。② 继人之志，述人之事：继承先人志向，传承先人事功。③ 春秋：泛指四季，这里指一年中最重要的两次祭祀——春祭和秋祭。④ 陈其宗器：陈列先世所藏的祭祀重器。陈，陈列，与下文中的“设”同义。宗器，宗庙中祭祀所用器物。⑤ 裳衣：先祖遗留的衣服。古人上衣下裳，上身所着为衣，下身所着为裳。⑥ 荐其时食：祭祀时进献时令食品。荐，进献。时食，四季应时的食物。⑦ 序昭穆：宗庙中神主的排列次序。始祖居中，二、四、六世祖位于始祖左方，称为“昭”，三、五、七世祖位于始祖右方，称为“穆’。参加祭祀的时候，后世子孙也是按照这种次序排列。昭穆次序，也体现在墓冢的安排上。序，排列次序。⑧ 序爵：按照爵位的高低排列次序，指公、侯、卿、大夫等。⑨ 序事：在宗庙祭祀事务中安排不同的职事。事，祭祀活动中担任的职事。⑩ 旅酬下为上：祭礼毕，众人举杯劝酒，下位者、年幼者向上位者、年长者敬酒。旅，众人。酬，以酒相劝。⑪ 逮贱：以礼仪的形式，使祖先的恩惠施于位卑年幼者。逮，及，到。⑫ 燕毛：宴饮时，依照年龄的大小而不是地位的高低来排定座次。燕，通“宴”。毛，须发，须发的颜色可区分年龄的大小。

yǐ xù chǐ yě
以序齿①也。

jiàn qí wèi xíng qí lǐ zòu qí yuè jìng qí suǒ
“践②其位，行其礼，奏其乐，敬其所
zūn ài qí suǒ qīn shì sǐ rú shì shēng shì wáng rú shì
尊，爱其所亲，事③死如事生，事亡如事
cún xiào zhī zhì yě
存，孝之至也。

jiāo shè zhī lǐ suǒ yǐ shì shàng dì yě zōng miào
“郊社之礼④，所以事上帝也；宗庙
zhī lǐ suǒ yǐ sì hū qí xiān yě míng hū jiāo shè zhī lǐ
之礼，所以祀乎其先也。明乎郊社之礼、
dì cháng zhī yì zhì guó qí rú shì zhū zhǎng hū
禘尝⑤之义，治国其如示诸掌⑥乎！”

①序齿：按照年龄排列次序。齿，岁数，年龄。②践：登上。③事：侍奉。④郊社之礼：祭祀天地的礼仪。冬至日在都城南郊祭天，称“郊”；夏至日在都城北郊祭地，称“社”。⑤禘尝：代指四时祭祀。禘，天子夏季在宗庙举行的隆重祭礼。尝，天子、诸侯秋季在宗庙举行的祭祀。⑥示诸掌：放在手掌上给人看。示，同“视”，容易看见。

dì èr shí zhāng 第二十章

本章是《中庸》全书最长的一章，共763字（不含“在下位不获乎上，民不可得而治矣”及“子曰”共16字衍文）。既是对以上各章的总结，也是以下各章的开端。东汉经学家郑玄将本章一分为七，我们也按照七个小节进行解读。

第一节（自“哀公问政”至“民不可得而治矣”）讲“政在得人”的道理。朱子说：“能修其身，则有君有臣，而政无不举也。”“人道敏政”已经一次次被历史证明，只要有明君贤臣按照“人道”也就是“仁道”施政，总是能休养生息、政通人和；若管理者无德无能，就算前人留下再好的政策，也会人亡政息。小到一个家，大到一个国，都要靠管理者以仁修道，以道修身，以爱亲人之心爱国人，以敬长者之心尊贤人。这就是仁、义、礼所以重要的原因。

“得人”先要“知人”。第二节（自“故君子不可以不修身”至“不可以不知天”）打通了天人关系，从天理的高度上强调“知人”的重要性。人道就是天理，因为“天命之谓性”，是否“知天”，才是君子能否“问道”的根本。修身通往明道，“率性之谓道”，这是在天道指引下的自觉行为，故而充满天理的神圣性。“修身以道”，而“修道以仁”，修身当然从事亲达孝开始。孝悌一体不二，故而敬长尊贤同样上应天理。

第三节（自“天下之达道五”至“则知所以治天下国家矣”）提出了基本道德：“五达道”“三达德”。有通行天下不变之道，就有通行天下不变之德。君臣、父子、夫妻、兄弟、朋友，是最基本、也最重要的人伦关系。人伦即是天道，天下古今共尊之道，明白这一点，就是“知”。当然不是所有人都能成为“知者”。可能有生而知之者，这是最上等的，但这种人古今罕有。孔子说：“我非生而知之者。”（《论语·季氏》）他自谦是第二等“学而知之者”。第三等是“困而知之者”，遇到困难就去学习。孔子说，其实还有第四等人，“困而不学，民斯为下矣”（《论语·季氏》）。想成为“知者”，别无他法——“好学近乎知”。那么，又如何成为“仁者”？“力行近乎仁”，努力去践行天道天理，就会日益接近于仁。而“勇，所以强此也”，“知耻近乎勇”，困于知而努力行，就是勇。好学、力行、知耻，“知者不惑，仁者不忧，勇者不惧”（《论语·子罕》），圣贤为人们指出了道德修养的必由之路。

得了道，修了德，就可以运用于实践了。第四节（自“凡为天下国家有九经”至“所以行之者，一也”）谈到了九条具体的治国方略。“九经”之中，“修身”当然还是排在第一位，因为天下国家之本在“身”，“修身”其实也是“九经”之本。“政在得人”，所以其次“尊贤”。政乃“仁政”，仁爱从孝悌而来，所以其次“亲亲”。非贤人也不具仁爱之心，这也是把“尊贤”放在“亲亲”前面的原因。接下来，“由家以及朝廷，故敬大臣、体群臣次之。由朝廷以及其国，故子庶民、来百工次之。由国以及天下，故柔远人、怀诸侯次之”，这就是朱子所理解的“九经之序”。看起来头绪繁多，其实全都统在一个“诚”字里，“所以行之者，一也”。管理者如果说一套、做一套，不以诚待民，民众同样也会以“不诚”来回应。

所以，第五节（自“凡事豫则立”至“道前定则不穷”）讲“先立乎诚”。“五达道”“三达德”“九经”，都是很好的道理，但想要实现都需要一个前提——“诚”。先有以诚修身，后有真正的“达道”“达德”。同样的道理，凡事都要“先立乎诚”“豫则立”，做事之前要有充分的思想和理论准备，因为“人无远虑，必有近忧”(《论语·卫灵公》)。

以上条件都具备了，就可“以德配位”，谋求治国理政的机会。第六节（自“在下位不获乎上”至“不诚乎身矣”）讲如何得到上位者的信任——根本仍在至诚明善。不明于善，就不能“知天”，不能察于人心天命之本然；明乎善才能诚其意，诚其意才能顺乎亲；顺乎亲才能朋友有道；信乎朋友才能获得别人信任。其实，“获乎上”还可以理解为“获乎贤”。孔子说：“见贤思齐焉，见不贤而内自省也。”(《论语·里仁》)“三人行，必有我师焉。择其善者而从之，其不善者而改之。”(《论语·述而》)世上总有人在某些方面贤于自己，这就是自己的“上”。多向贤者学习，既学习别人的长处，也从别人的缺点中观照自己的短处，这才是“获乎上有道”。

最后，第七节终于开始明确论述中庸之道最核心的部分：诚。“诚者，天之道也”，诚是最真实无妄的天理本然。“诚之者，人之道也”，未能做到真实无妄，就努力去做到真实无妄。也就是说，努力使自己日趋于诚，“择善而固执”，就是“人之道”。

“诚”既是沟通天人的大道，也是天理人事的统一；“诚”

既是中庸之道的核心，也是中国文化的要义。如何做到“诚”？广泛地学习，仔细地求教，审慎地思考，明晰地分辨，踏实地践行，“博学而笃志，切问而近思，仁在其中矣”(《论语·子张》)。笨一些不怕，弱一些不怕，只要努力按这个要求去做，“虽愚必明，虽弱必强”。

朱子认为，“诚”是本章的“枢纽”。实际上，本章也是《中庸》全书的“枢纽”，在前面十九章的长篇铺垫之下，终于对中庸之道的核心概念“诚”展开了论述，“章内语诚始详”。以下各章，则从不同角度对“诚”分别进行阐释。

dì yī jié
第一节

āi gōng wèn zhèng
哀公问政①。

zǐ yuē wén wǔ zhī zhèng bù zài fāng cè qí
子曰："文、武之政，布在方策②。其
rén cún zé qí zhèng jǔ qí rén wáng zé qí zhèng xī
人③存，则其政举④；其人亡，则其政息⑤。

rén dào mǐn zhèng dì dào mǐn shù fú zhèng yě zhě
"人道敏政，地道敏树⑥。夫政也者，
pú lú yě
蒲卢也⑦。

① 哀公问政：鲁哀公向孔子请教为政之道。哀公，春秋末期鲁国国君，姓姬，名蒋，"哀"为谥号。他曾任用孔子为司寇。问，请教。② 布在方策：记载在典籍中。布，散布，流传，这里是记载的意思。方策，典籍，也作"方册"。方，书写用的木板，也叫"版"。策，书写用的竹简编缀起来称为"策"。③ 其人：指如同文王、武王那样的明君贤人。也有人认为"其人"指文王、武王，但联系下文，"为政在人""取人""尊贤"，讲的是儒家的用人之道，所以，"其人"应该是说"贤人"。④ 举：举起，这里是施行的意思。⑤ 息：灭失，消亡。⑥ 人道敏政，地道敏树：按照治人选人之道（即下文所说的"取人以身，修身以道，修道以仁"）治理政事，就容易实行；顺从土地滋生之道，就利于树木成长。敏，速，容易实行。⑦ 政也者，蒲卢也：按照"人道"来治国理政，就会像顺从"地道"种植芦苇一样，使它茂盛生长。蒲卢：芦苇，性柔而生长迅速。

gù wéi zhèng zài rén qǔ rén yǐ shēn xiū shēn
“故为政在人①，取人以身②，修身
yǐ dào xiū dào yǐ rén
以道③，修道以仁④。

rén zhě rén yě qīn qīn wéi dà yì zhě
“仁者，人也⑤，亲亲⑥为大；义者，
yí yě zūn xián wéi dà qīn qīn zhī shài zūn xián zhī
宜⑦也，尊贤为大。亲亲之杀⑧，尊贤之
děng lǐ suǒ shēng yě
等⑨，礼所生也。

zài xià wèi bú huò hū shàng mín bù kě dé ér zhì yǐ
（“在下位不获乎上，民不可得而治矣⑩。）

① 为政在人：为政之要，在于得人。人，贤人。② 取人以身：君主自己有良好的修养，才能赢得贤人的追随。取人，选取贤人。身，指自身的修养。③ 修身以道：以中庸之道来修养自身。④ 修道以仁：把握中庸之道，要从培养爱心开始。⑤ 仁者，人也：仁，就是爱人，就是人心中的善性、人性。⑥ 亲亲：亲爱亲人。前者是动词，作亲爱解；后者是名词，指父母兄弟等亲人。⑦ 宜：适当，合理，应该。⑧ 杀：等级，亲疏。⑨ 等：等次。⑩ 在下位不获乎上，民不可得而治矣：郑玄说，“此句在下，误重在此”。当删。

dì èr jié
第二节

gù jūn zǐ bù kě yǐ bù xiū shēn sī xiū shēn bù
“故君子不可以不修身。思修身，不
kě yǐ bú shì qīn sī shì qīn bù kě yǐ bù zhī rén
可以不事亲；思事亲，不可以不知人①；
sī zhī rén bù kě yǐ bù zhī tiān
思知人，不可以不知天②。

① 知人：了解“亲亲、尊贤”等属于人的本性。② 知天：知天命。孔子说：“不知命，无以为君子也。”

dì sān jié

第三节

tiān xià zhī dá dào wǔ suǒ yǐ xíng zhī zhě sān
“天下之达道①五，所以行②之者三。
yuē jūn chén yě fù zǐ yě fū fù yě kūn dì yě
曰君臣也，父子也，夫妇也，昆弟③也，
péng yǒu zhī jiāo yě wǔ zhě tiān xià zhī dá dào yě zhì
朋友之交也。五者，天下之达道也。知④、
rén yǒng sān zhě tiān xià zhī dá dé yě suǒ yǐ xíng zhī
仁、勇三者，天下之达德⑤也，所以行之
zhě yī yě
者，一⑥也。

huò shēng ér zhī zhī huò xué ér zhī zhī huò kùn
“或⑦生而知之，或学而知之，或困⑧
ér zhī zhī jí qí zhī zhī yī yě huò ān ér xíng zhī
而知之，及其知之，一也。或安⑨而行之，
huò lì ér xíng zhī huò miǎn qiǎng ér xíng zhī jí qí chéng
或利⑩而行之，或勉强而行之，及其成
gōng yī yě
功，一也。

① 达道：天下古今通行的道理。② 行：推行，实行。③ 昆弟：兄弟，也包括宗族中的同辈。④ 知：同“智”，明智，聪明。⑤ 达德：天下古今公认的德性。⑥ 一：指下文重点论述的“诚”。朱子认为：“一则诚而已也。”也有人认为，这个“一”是后人误增的，去掉这个字，对于理解文意没有区别。⑦ 或：有的人。⑧ 困：遇到困惑。⑨ 安：安心于大道。⑩ 利：获利于大道。

zǐ yuē hào xué jìn hū zhì lì xíng jìn hū
“（子曰[①]：）‘好学近乎知，力行近乎
rén zhī chǐ jìn hū yǒng
仁，知耻近乎勇。’

zhī sī sān zhě zé zhī suǒ yǐ xiū shēn zhī suǒ yǐ
“知斯[②]三者，则知所以修身；知所以
xiū shēn zé zhī suǒ yǐ zhì rén zhī suǒ yǐ zhì rén zé zhī
修身，则知所以治人；知所以治人，则知
suǒ yǐ zhì tiān xià guó jiā yǐ
所以治天下国家矣。

① 子曰：这两个字是衍文。子思在引用孔子的言论时，有所选择，删去了一部分内容。此处“子曰”二字是“所删有不尽者”。这段文字也见于《孔子家语》。
② 斯：此，这。

dì sì jié
第四节

fán wéi tiān xià guó jiā yǒu jiǔ jīng yuē xiū shēn
“凡为①天下国家有九经②，曰：修身
yě zūn xián yě qīn qīn yě jìng dà chén yě tǐ qún
也，尊贤也，亲亲也，敬大臣也，体③群
chén yě zǐ shù mín yě lái bǎi gōng yě róu yuǎn rén
臣也，子庶民④也，来百工⑤也，柔远人⑥
yě huái zhū hóu yě
也，怀⑦诸侯也。

xiū shēn zé dào lì zūn xián zé bú huò qīn qīn
“修身则道立⑧，尊贤则不惑⑨，亲亲
zé zhū fù kūn dì bú yuàn jìng dà chén zé bú xuàn tǐ
则诸父昆弟不怨⑩，敬大臣则不眩⑪，体
qún chén zé shì zhī bào lǐ zhòng zǐ shù mín zé bǎi xìng
群臣则士之报礼重⑫，子庶民则百姓

①为：治理。②经：常，常理。这里指治国方略、原则。③体：体察，体恤，体谅。④子庶民：以庶民为子，如父母爱护其子。⑤来百工：招徕各类工匠。百工，各种工匠。⑥柔远人：优待边远地区和不同民族的人。柔，优待，怀柔。⑦怀：安抚。⑧修身则道立：以身载道的意思。⑨尊贤则不惑：尊敬贤人，自然远离小人，不为所惑。⑩诸父昆弟不怨：亲近的族人没有怨恨。诸父，伯父、叔父的合称。昆弟，宗族中的同辈兄弟。⑪敬大臣则不眩：尊敬大臣就不会迷乱。大臣是治国理政的主要依靠，分担各种要务，有他们在，君主就不必陷于各种具体事务中，可以有精力考虑大事，不至于迷乱。眩，迷惑。⑫体群臣则士之报礼重：体贴群臣，则群臣会尽忠以报君。重，指竭尽心力和忠诚。

quàn lái bǎi gōng zé cái yòng zú róu yuǎn rén zé sì fāng
劝①，来百工则财用足，柔远人则四方

guī zhī huái zhū hóu zé tiān xià wèi zhī
归②之，怀诸侯则天下畏③之。

zhāi míng shèng fú fēi lǐ bú dòng suǒ yǐ xiū shēn
“齐明盛服，非礼不动，所以修身

yě qù chán yuǎn sè jiàn huò ér guì dé suǒ yǐ quàn
也。去谗远色④，贱货而贵德⑤，所以劝

xián yě zūn qí wèi zhòng qí lù tóng qí hào wù suǒ
贤也。尊其位，重其禄⑥，同其好恶⑦，所

yǐ quàn qīn qīn yě guān shèng rèn shǐ suǒ yǐ quàn dà chén
以劝亲亲也。官盛任使⑧，所以劝大臣

yě zhōng xìn zhòng lù suǒ yǐ quàn shì yě shí shǐ bó
也。忠信重禄⑨，所以劝士也。时使薄

liǎn suǒ yǐ quàn bǎi xìng yě rì xǐng yuè shì xì lǐng chèn
敛⑩，所以劝百姓也。日省月试，既廪称

shì suǒ yǐ quàn bǎi gōng yě sòng wǎng yíng lái jiā shàn ér
事⑪，所以劝百工也。送往迎来，嘉善而

①百姓劝：人们因受到鼓舞而奋勉。百姓，春秋以前，贵族才有姓；“百姓”和“庶民”属于两个阶层；战国以后，“百姓”成为对民众的通称。劝，受到鼓励而奋勉。②归：归顺。③畏：敬服。④去谗远色：远离挑拨是非的小人，不受美色的诱惑。“去”和“远”都是远离的意思。谗，说别人坏话。⑤贱货而贵德：贱待财物，重视贤德之人。货，财物。⑥尊其位，重其禄：尊重亲族的爵位，维护其利益。禄，俸禄。⑦同其好恶：对亲族的好恶之情应该保持一致，一视同仁。⑧官盛任使：安排足够多的下属官员。意思是使大臣总领大事，有足够多的下属听任差遣，完成各项具体工作。⑨忠信重禄：以诚相待，给予足够的俸禄。意思是“待之诚而养之厚”。士，没有采邑封地，靠俸禄养家糊口；对他们要以诚相待，俸禄不能时多时少，他们才会尽心于公务，后顾无忧。⑩时使薄敛：征发劳役要不误农时，征收税赋要减轻负担。时使，适时役使，指避开农时。薄敛，减轻赋税。⑪日省月试，既廪称事：经常检查考核，按照业绩发给报酬，赏罚分明。省，省察，检查。试，考核。既廪，即“饩廪”，公家按月供给的粮食等。称事，指给予的报酬与所做的事情相符合，按劳取酬。

jīn bù néng suǒ yǐ róu yuǎn rén yě jì jué shì jǔ fèi guó zhì luàn chí wēi cháo pìn yǐ shí hòu wǎng ér bó lái suǒ yǐ huái zhū hóu yě

矜不能①，所以柔远人也。继绝世②，举废国③，治乱持危④，朝聘⑤以时，厚往而薄来⑥，所以怀诸侯也。

fán wéi tiān xià guó jiā yǒu jiǔ jīng suǒ yǐ xíng zhī zhě yī yě

“凡为天下国家有九经，所以行之者，一也。

① 嘉善而矜不能：奖励先进，同情后进。嘉，嘉奖，奖赏。矜，怜悯，同情。② 继绝世：使世系中断的家族得以延续。继，延续，接续。绝世，中断了世袭地位的世家。③ 举废国：复兴已经没落的邦国。举，举起，这里是恢复之意。④ 治乱持危：平定祸乱，扶持危局。⑤ 朝聘：按照周礼规定的时间向天子行朝聘之礼。诸侯定期朝见天子，每年派大夫进贡称“小聘”，三年派卿进贡称“大聘”，五年亲自进贡称“朝”。按规定时间行朝聘之礼，是为了不增加诸侯的负担。⑥ 厚往而薄来：赐予诸侯的多，接受进贡的少。往，指赏赐诸侯。来，指诸侯朝聘。

dì wǔ jié
第五节

fán shì yù zé lì bú yù zé fèi yán qián dìng
“凡事豫则立①，不豫则废。言前定②
zé bù jiá shì qián dìng zé bú kùn xíng qián dìng zé bú
则不跲③，事前定则不困④，行前定则不
jiù dào qián dìng zé bù qióng
疚⑤，道⑥前定则不穷⑦。

① 豫则立：事先有充分准备就能成功。豫，本义是“象之大者”，意思是“凡大皆称豫”，因为大，所以宽裕。后引申为“先事而备谓之豫”。立，成立，成功。② 言前定：说话前预先想好要说的内容。言，说。前定，事前确定。③ 跲：绊倒。这里指失言、语塞、说话不流利。④ 困：困扰，遇到困难。⑤ 疚：因自己的错误而懊悔。⑥ 道：道路，行走的路线。⑦ 穷：穷尽，绝境。

dì liù jié
第六节

zài xià wèi bú huò hū shàng mín bù kě dé ér zhì
“在下位不获①乎上，民不可得而治

yǐ huò hū shàng yǒu dào bú xìn hū péng yǒu bú huò
矣。获乎上有道②：不信乎朋友，不获

hū shàng yǐ xìn hū péng yǒu yǒu dào bú shùn hū qīn bú
乎上矣。信乎朋友有道：不顺乎亲③，不

xìn hū péng yǒu yǐ shùn hū qīn yǒu dào fǎn zhū shēn bù chéng
信乎朋友矣。顺乎亲有道：反诸身不诚④，

bú shùn hū qīn yǐ chéng shēn yǒu dào bù míng hū shàn bù
不顺乎亲矣。诚身有道：不明乎善，不

chéng hū shēn yǐ
诚乎身矣。

① 获：收获，得到。这里指得到上级的认可。② 道：方法。③ 顺乎亲：孝顺父母，使其顺心。④ 反诸身不诚：反求自身，其心不诚。诚，真诚笃实。

第七节

“诚者①，天之道也；诚之者②，人之道也。诚者③，不勉而中④，不思而得，从容中道⑤，圣人也。诚之者，择善而固执⑥之者也。

“博学之，审问⑦之，慎思之，明辨⑧之，笃行⑨之。

① 诚：真实无妄，天理本然。这个“诚者”，指“诚”这个概念、这个境界。② 诚之者：使人能够达到诚的境界。诚，使之诚。③ 诚者：达到诚这个境界的人。④ 不勉而中：不需费力就能符合中庸的境界。勉，勉力，勉强。中，符合。⑤ 从容中道：顺其自然就能符合中庸的境界。从容，不费力的意思。⑥ 执善而固执：选择了善德，并坚守不改。⑦ 审问：详密慎重地探问。审，详细，周密，慎重。⑧ 明辨：明晰分辨。⑨ 笃行：切实履行。笃，笃实，切实，踏实，坚实。

yǒu fú xué xué zhī fú néng fú cuò yě yǒu fú
“有弗学①，学之弗能弗措也②；有弗
wèn wèn zhī fú zhī fú cuò yě yǒu fú sī sī zhī fú dé
问，问之弗知弗措也；有弗思，思之弗得
fú cuò yě yǒu fú biàn biàn zhī fú míng fú cuò yě yǒu
弗措也；有弗辨，辨之弗明弗措也；有
fú xíng xíng zhī fú dǔ fú cuò yě rén yī néng zhī jǐ
弗行，行之弗笃弗措也。人一能之，己
bǎi zhī rén shí néng zhī jǐ qiān zhī
百之③；人十能之，己千之。

guǒ néng cǐ dào yǐ suī yú bì míng suī róu bì
“果能④此道矣，虽愚必明，虽柔必
qiáng
强。”

① 有弗学：有没有学到的东西。弗，不，没有。② 学之弗能弗措也：学习就不能停下（直到学会）。措，放下，停止。③ 人一能之，己百之：别人一次能学会，自己就学一百次（这样，即使自己很愚笨，也一定能学会）。④ 能：能实行。

dì èr shí yī zhāng
第二十一章

本章共20字。

从本章开始到全书结束，共十三章，都是“子思承上章夫子天道人道之意而立言”，反复阐释“诚”之含义。我们称之为“第三篇”。其中，本章又是以下各章的总纲。

在孔子心目中，人可以分为五种类型：“人有五仪，有庸人，有士人，有君子，有贤人，有圣人。”（《孔子家语·五仪解》）

什么是圣人？“天命之谓性，率性之谓道”，诚是本性，是自在，是自成，是“穷终始，协自然，成情性”。“自诚明”，在天为诚，在人为明，有了诚，自然也就有了明，于是“德无不实而明无不照”，“明并日月”（《孔子家语·五仪解》），这就是圣人，这就是“天道”。

什么是贤人？王夫之说：“圣之所明者，贤者得之而可以诚。”也就是“自明诚”。这样的人“先明乎善而后能实其善者”，于是可以“言法于天下，道化于百姓”（《孔子家语·五仪解》）。如何“得之”“明之”“实之”？“修道之谓教”，“由教而入”，通过修养得来，通过教化得来，而后又去修养别人、教化别人，这就是贤人。无论是先天具有之“善”，还是后天教化之“明”，只要做到了“真诚”，二者也就合一了，“天道”即“人道”。靠什么做到“诚”？三达德。程子说：“所谓诚者，止是诚实此三者。

三者之外，更别无诚。”彰明、充实“三达德”，就可以做到通过自知，而知人，知物，知世界，至诚尽性。

什么是君子？“言必忠信而心不怨，仁义在身而色无伐”，“笃行信道，自强不息”(《孔子家语·五仪解》)。从贤人教化，奉行忠信仁义，“天行健，君子以自强不息”，“地势坤，君子以厚德载物”(《周易》)。

什么是士人？“心有所定，计有所守。”(《孔子家语·五仪解》)

什么是庸人？“从物无流，不知所执。”(《孔子家语·五仪解》)

从这个意义上，我们再看“横渠四句”：

“为天地立心”——天地本有心，“天命之谓性”，天命自在，天道自成。

“为生民立命”——圣人“自诚明”，感天道而成圣德，“率性之谓道”，打通天道与人道。

“为往圣继绝学”——贤人“自明诚”，得圣人至德而至诚；同时，“修道之谓教”，发明圣人之学使之“不绝”，通过教化之道极尽众人本性，从而“继往圣，开来学”。

“为万世开太平”——在圣贤感召之下，“执善固执”，摆脱庸人境界；“心有所定”，超越士人品格；“忠信自强”，成就君子道德；人人慕圣希贤，“止于至善”，就可以“赞天地化育”，“开万世太平”。

zì chéng míng　wèi zhī xìng　zì míng chéng　wèi zhī jiào　chéng zé míng yǐ　míng zé chéng yǐ

自诚明①，谓之性②；自明诚③，谓之教④。诚则明矣，明则诚矣。

① 自诚明：因天生的诚而明了善道。自，从，因由。诚，自然纯粹的天道，内心真实的天理。明，明白，明了。② 性：人的自然本性，“天命之谓性”。③ 自明诚：因明了善道而达于至诚。指经过后天的修养而明了善道，进而达到诚的境界。④ 教：教化，“修道之谓教”。

dì èr shí èr zhāng
第二十二章

本章共61字。

"至诚"就是"至善",既是境界,也是实践。

修养本身就是目标,所以"止于至善"当终身奉行。只有做到"天下至诚",才能"尽其性",将天赋善性养育充盈。这是从境界来说。

修养还有另一层面的目标,那就是"新民"。"能尽其性,则能尽人之性",培养充实自己的善性,还要培养充实别人的善性,"老吾老,以及人之老;幼吾幼,以及人之幼"(《孟子·梁惠王上》);还要培养充实后人的善性,"继往圣,开来学",以致万世太平。这是从实践来说。

不仅如此,"尽人之性"后,还要"尽物之性"。"尽物之性"与"尽人之性"其实是统一的,因为天道与人道本就是统一的。所以,推己及人、民胞物与成为儒家之道的内在逻辑。

尽物之性,就是"赞天地之化育"。对于"赞"字的理解,朱子少有地出现了与程子不同的意见。程子认为,"赞"是"参赞",而不是"赞助";朱子明确反对,认为"赞"就是"赞助"。"参赞"是指人应该更多地顺应自然,有无为而治的意思,被动性多于主动性;"赞助"则是要求人更多地发挥积极性,主动性多于被动性。

实际上，人处于天地之间，既是自然的一部分，又是独立的特殊个体。从自然这一整体而言，人应顺应天地，不能违背其规律；从人类自身而言，又要发挥能动性，补天地之不足，为天地所不为。

清代学者杨开沅有一个“天人一体”的比喻，如果把天比成人的整个身体，那么人就如同身体上的耳目手足，“不可谓耳有助于目，足有助于手”，是“同体中事”。

从这个意义上进一步理解，那么，既不是一味地“被动”，也不能一味地“主动”，而是相应地“联动”——该主动则主动，该被动则被动，应势而起，顺势而为。

如此，才能真正与天地“合而为三”。我理解，“合而为三”，其真意应该是“合而为一，分而为三”。当分则分，当合则合，有分有合，各尽其职，这才是真正的“天人合一”。

wéi tiān xià zhì chéng wéi néng jìn qí xìng néng jìn qí xìng zé néng jìn rén zhī xìng néng jìn rén zhī xìng zé néng jìn wù zhī xìng néng jìn wù zhī xìng zé kě yǐ zàn tiān dì zhī huà yù kě yǐ zàn tiān dì zhī huà yù zé kě yǐ yǔ tiān dì sān yǐ

唯天下至诚①，为能尽其性②；能尽其性，则能尽人之性③；能尽人之性，则能尽物之性④；能尽物之性，则可以赞⑤天地之化育⑥；可以赞天地之化育，则可以与天地参⑦矣。

① 至诚：只有至圣，才能至诚。② 尽其性：充分发挥自己的天然善性。③ 尽人之性：充分发挥他人的善性。人，他人，天下人。④ 尽物之性：充分发挥万物的本性。⑤ 赞：资助，帮助，参与。⑥ 化育：造化生育。⑦ 与天地参：圣人与天地并立为三。参，叁，三。

dì èr shí sān zhāng

第二十三章

本章共34字。

“天下至诚”说的是天道，是圣人；“其次”者，说的是人道，是贤人及其以下之人。

什么是“致曲”？我们不是“生而知之”的圣人，要靠学习和修养而“致知”，才能由明至诚。那么应该从哪里着手？从大处着眼，从小处着手。大处，就是天道。君子问道，先要“知天”，这是“致知”的前提。有了这个大处来指引，才会少走弯路。小处，就是细微处。大处都是由细微处组成的，“行远必自迩”，“登高必自卑”。如果能把一个一个的细微处都推究到极致，“各造其极”，一样能够达到“天下至诚”。

经过“曲、形、著、明、动、变、化”这些阶段，就可以由“庸人”而至“士人”，由“君子”而至“贤人”。这就是通向“圣人”的必经之路。

如此详密细致的路径安排，可见圣人劝学明道之苦心。

qí cì zhì qū qū néng yǒu chéng chéng zé xíng
其次[①]致曲[②]，曲能有诚[③]。诚则形[④]，

xíng zé zhù zhù zé míng míng zé dòng dòng zé biàn
形则著[⑤]，著则明[⑥]，明则动[⑦]，动则变[⑧]，

biàn zé huà wéi tiān xià zhì chéng wéi néng huà
变则化[⑨]。唯天下至诚为能化。

① 其次：次一等的人，即次于“自诚明”的“圣人”一等的“贤人”及其以下的人。② 致曲：从某一方面着手，推究事物的道理。致，致力于。曲，局部，某一方面；“曲”是相对于“尽”来讲的。③ 曲能有诚：从局部入手，也能达到至诚。④ 形：显露、表现。⑤ 著：显著。⑥ 明：光明。⑦ 动：感动。⑧ 变：改变，变革。⑨ 化：化育。

dì èr shí sì zhāng
第二十四章

本章共 52 字。

预知祸福，听起来颇为神秘玄远，其实就是“见微知著”的能力达到极致境界而已。“诚则明矣”，“至诚”就能“尽其性”，就能“尽人之性”“尽物之性”，从而“与天地参”。

“凡事豫则立”，“道前定则不穷”。我们可以想象，一个人如果有极高的理论水平、丰富的实践经验，总是能够洞悉人心、直指本质，处理起事务是不是就会灵活应变、干脆利落，甚至可以做到提前预判？如此高的能力，无非是通过“致曲”教化得来。

孔子曾经这样评价“六经之教”：“入其国，其教可知也。其为人也：温柔敦厚，《诗》教也；疏通知远，《书》教也；广博易良，《乐》教也；洁净精微，《易》教也；恭俭庄敬，《礼》教也；属辞比事，《春秋》教也。”（《礼记·经解》）到了一个地方，可以看出国民的教化情况：此地民风，如果温柔敦厚，一定是《诗经》的影响；如果富于远见，一定是《尚书》的原因；如果平易良善，一定是《乐》教的结果；如果沉静有条理，一定是《易》教的功劳；如果端庄恭敬，一定是《礼》教的效用；如果善于辞令，一定是《春秋》的帮助。苏东坡的诗“腹有诗书气自华”，就说明了这个现象。你往哪个

方面努力，就能在哪个方面收获真知；掌握的真知多了，就会逐步走向“至诚”。

对于普通人来说，“至诚之道”虽高远，但可以“致曲”而来，踏实走来，不断完善提升上来，通往更高境界，从平庸到“如神”。这仍然是“人人皆可以为尧舜”的道理。

zhì chéng zhī dào kě yǐ qián zhī guó jiā jiāng xīng
至诚之道，可以前知①。国家将兴，
bì yǒu zhēn xiáng guó jiā jiāng wáng bì yǒu yāo niè
必有祯祥②；国家将亡，必有妖孽③。
xiàn hū shī guī dòng hū sì tǐ huò fú jiāng zhì
见④乎蓍龟⑤，动乎四体⑥。祸福将至：
shàn bì xiān zhī zhī bú shàn bì xiān zhī zhī gù zhì chéng
善，必先知之；不善，必先知之。故至诚
rú shén
如神⑦。

①前知：即知前，预知未来。②祯祥：吉祥的预兆。祯，本有今异，“国本有雀，今有赤雀来，是祯也”。祥，本无今有，“国本无凤，今有凤来则祥也”。③妖孽：不祥之兆，物类反常的事物。草木之怪称“妖”，虫豸之怪称“孽”。④见：呈现。⑤蓍龟：蓍草和龟甲，古人用来占卜吉凶。⑥动乎四体：从人们动作威仪之间，可以看出这个国家的现状和未来，也就是“入其国，其教可知也”。四体，指人身体的动作仪态。⑦如神：像鬼神一样微妙，不可言说。

dì èr shí wǔ zhāng

第二十五章

本章共66字，主要讲了两个道理：一是“成己”，二是“非自成己”。

“道，自道也”。“天命之谓性”，天道就在那里，天然本有，是自我引导而成，不假外求。所以，“诚者自成”。圣人也是自我成就其诚的，“率性之谓道”，这就是“成己”。

“成己”却又“非自成己而已也”，只做好自己是不够的，还要帮助他人、成就他物。

这是从内外两个维度来讲的：对内，是“成己”；对外，是“成人”“成物”。对内，是“尽其性”；对外，是“尽人之性”“尽物之性”。对内，是“明明德”；对外，是“亲民”。对内，是“己立”“己达”；对外，是“立人”“达人”。对内，是“内圣”；对外，是“外王”。内与外，统一于“诚”，如果没有内心的真实和自觉，则一无所有，无内无外。这是就“合外内之道”。

正如“亲民”也是为了更好地“明明德”，“成人”“成物”其实也是“成己”之道。“成己，仁也”，因为“仁者安仁”；“成物，知也”，因为“知者利仁”(《论语·里仁》)。“成人”“成物”的过程，就是帮助“成己”的过程，这个行为“既仁且智”。这是“合外内之道”更深层的含义。

chéng zhě zì chéng yě ér dào zì dǎo yě
诚者①，自成②也；而道③，自道④也。

chéng zhě wù zhī zhōng shǐ bù chéng wú wù shì gù jūn zǐ chéng zhī wéi guì
诚者⑤，物之终始⑥，不诚无物。是故君子诚之为贵。

chéng zhě fēi zì chéng jǐ ér yǐ yě suǒ yǐ chéng wù yě chéng jǐ rén yě chéng wù zhì yě xìng zhī dé yě hé wài nèi zhī dào yě gù shí cuò zhī yí yě
诚者⑦，非自成己⑧而已也，所以成物⑨也。成己，仁也；成物，知⑩也。性之德⑪也，合外内之道⑫也。故时措⑬之，宜⑭也。

① 诚者：自诚明的人。② 自成：自我成全，自我完善。③ 道：中庸之道。④ 自道：自我引导（完成德性修养）。道，引导。⑤ 诚者：指“诚”这种品质。⑥ 物之终始：贯穿于事物的始终。⑦ 诚者：自诚明的人。⑧ 自成己：尽己之性，完善自己。⑨ 成物：尽物之性。由己及人，由人及物。⑩ 知：同“智”，明智，聪明。⑪ 性之德：本性所具有之德。⑫ 合外内之道：把外物与内心合而为一的原则。⑬ 时措：随时举措，随时施行。时，随时，适时。措，措置，实行。⑭ 宜：适宜，合适，合理。

dì èr shí liù zhāng
第二十六章

本章共252字。

第一个问题，讲“诚”的特质和功用。其特质是“不息”，“既无虚假，自无间断”，生命不息，真诚不止，体现出至强而不竭的力量。不息则久，不息则自有效验。这种效验，体现在三大功用上：一是“高明”，故而可以“覆物”，圣人效法天道，“天行健，君子以自强不息”；二是“博厚”，故而可以“载物”，圣人效法地道，“地势坤，君子以厚德载物”；三是“悠久”，圣人效法天地，与天地同其体、同其用，自然“无疆”。

第二个问题，细论天地之道。天地之道，就是“覆物”“载物”“成物”之道。从上一章已经知道，不论是“成物”还是“成人”“成己”，全靠一个“诚”字，所以这里说“天地之道，可一言而尽也”。“诚”，就是“为物不二”，就是“纯一不杂”。天空中一小点光明，因其纯粹，故可以充盈于宇宙，覆盖万物；大地上一小撮泥土，因其纯粹，故可以达致于阔厚，承载山河；山林间一小块土石，因其纯粹，故可以发育于广大，繁衍生物；源头处一小勺清水，因其纯粹，故可以深沉于不测，生育水族。人类所需财货，都从原始纯粹中生发而来。

第三个问题，又从天地之道落到圣人之道上来。圣人之道既从天地之道而来，当然也不出一个“诚”字。“至诚不息”——天道不息，圣人之道自然不息。“天地位”，“万物育”，圣人德配天地，故可教化人间。

gù zhì chéng wú xī
故至诚无息①。

bù xī zé jiǔ jiǔ zé zhēng
不息则久，久则征②。

zhēng zé yōu yuǎn yōu yuǎn zé bó hòu bó hòu zé gāo míng
征则悠远，悠远则博厚，博厚则高明。

bó hòu suǒ yǐ zài wù yě gāo míng suǒ yǐ fù wù yě yōu jiǔ suǒ yǐ chéng wù yě
博厚，所以载物③也；高明，所以覆物④也；悠久，所以成物⑤也。

bó hòu pèi dì gāo míng pèi tiān yōu jiǔ wú jiāng
博厚配地，高明配天，悠久无疆⑥。

rú cǐ zhě bú xiàn ér zhāng bú dòng ér biàn wú wéi ér chéng
如此者，不见而章⑦，不动而变，无为而成⑧。

tiān dì zhī dào kě yì yán ér jìn yě qí wéi wù bú èr zé qí shēng wù bú cè
天地之道，可一言⑨而尽也：其为物不贰⑩，则其生物不测⑪。

① 无息：不间断，不休止。息，休止。② 征：征验，验证，显露于外。③ 载物：负载万物。④ 覆物：覆盖万物。⑤ 成物：成就万物。⑥ 无疆：没有尽头，无边无际。⑦ 不见而章：不自我标示也会自然彰显。见，显现。章，彰明。⑧ 无为而成：不刻意作为而功业自成。⑨ 一言：一个字，指“诚”字。⑩ 为物不贰：本质专一不二。⑪ 生物不测：生育万物，不可估量。不测，不可测度。

tiān dì zhī dào bó yě hòu yě gāo yě míng yě
天地之道：博也，厚也，高也，明也，
yōu yě jiǔ yě
悠也，久也。

jīn fú tiān sī zhāo zhāo zhī duō jí qí wú qióng
今夫天，斯昭昭之多①，及其无穷
yě rì yuè xīng chén xì yān wàn wù fù yān jīn fú
也，日月星辰系②焉，万物覆焉③。今夫
dì yì cuō tǔ zhī duō jí qí guǎng hòu zài huà yuè ér
地，一撮土之多，及其广厚，载华岳④而
bú zhòng zhèn hé hǎi ér bú xiè wàn wù zài yān jīn fú
不重，振⑤河海而不泄，万物载焉。今夫
shān yì quán shí zhī duō jí qí guǎng dà cǎo mù shēng
山，一卷石⑥之多，及其广大，草木生
zhī qín shòu jū zhī bǎo zàng xīng yān jīn fú shuǐ yì sháo
之，禽兽居之，宝藏兴焉。今夫水，一勺
zhī duō jí qí bú cè yuán tuó jiāo lóng yú biē shēng
之多，及其不测，鼋鼍⑦、蛟龙、鱼鳖生
yān huò cái zhí yān
焉，货财殖⑧焉。

① 斯昭昭之多：这句话历来有不同的解释，我们理解为“如此纯净的一点点光明”。斯，此。昭昭，指纯净光明的本质。之多，联系下文“一撮土之多”“一卷石之多”“一勺之多”，都是指所举事物很小、很少，但其本质纯粹，所以可以扩充至“无穷”“广厚”“广大”“不测”。② 系：悬挂，悬系。③ 万物覆焉：万物都被其覆盖。④ 华岳：可能指“华”和“岳”两座山。徐复观先生说，山东省以前有两座叫“华”和“岳”的山，可备一说。⑤ 振：收拢，收容，收纳。⑥ 一卷石：一拳头大的石头。卷，通“拳”。⑦ 鼋鼍：大鳖和鳄鱼。⑧ 殖：繁殖。

shī yún wéi tiān zhī mìng wū mù bù yǐ
《诗》云①："维天之命，於穆不已②！"
gài yuē tiān zhī suǒ yǐ wéi tiān yě wū hū pī xiǎn wén
盖曰天之所以为天也。"於乎不显③，文
wáng zhī dé zhī chún gài yuē wén wáng zhī suǒ yǐ wéi wén
王之德之纯！"盖曰文王之所以为文
yě chún yì bù yǐ
也，纯④亦不已⑤。

①《诗》云：此句出自《诗经·周颂·维天之命》，这是一篇周成王赞颂周文王的祭文。② 维天之命，於穆不已：上天的馈赠，深远而又没有止境。维，语气词。於：语气词。穆：深远。已：停止。③ 於乎不显：多么光明显耀。於乎，同"呜呼"，感叹词。不，同"丕"，大。显，明显，显著。④ 纯：纯粹，"纯一不杂"。⑤ 已：停止。

dì èr shí qī zhāng

第二十七章

本章共121字，承上章余绪，讲天道即人道。

圣人之道，用一个“大”字来形容。“发育万物”，言其博厚；“峻极于天”，言其高明；“优优大哉”，言其广大悠久。“天地大德曰生”，天地能发育万物，是因其“诚”，因其德。圣人符合天道，故可成其“大”。那么，圣人之道体现在哪里呢？体现在治国理政、化民成俗的礼乐制度上。只有以至高之德成就至高之道的人，才能施行这些制度。“国皆有法，而无使法必行之法。”(《商君书·画策》)国家颁布了那么多法律，又有哪部法律能够保证法律得以施行呢？道德和法制并用，才能达于理想状态。所以，不论在什么时代、什么制度之下，培养贤德之人，特别是培养贤德的“上位者”，培养贤德的施行法律制度的人，都是至关重要的。这就是“待其人而后行”。

“圣贤所示入德之方”，即培养贤德之人的方法、路径。这里讲了五句话：尊奉德性而追求知识，德性由问学而来；致力广大而穷尽精微，广大由细小而来；向往极致而把握中道，极致由中庸而来；温习旧识以此获得新知；风俗敦厚以此推行礼乐。朱子高度推崇这五句话，认为其“大小相资，首尾相应”，“学者宜尽心焉”。特别是“尊德性”和“道问学”：前者是从“存心”来讲，是修养之法，由此可得道体之大；后者是从“致知”来

讲，“日知其所未知，日谨其所未谨”，由此可得道体之细。二者合一，便是“修德凝道之大端”。

“人皆可以为尧舜”，并不是说人人都必会成圣人，那是不可能的，而是说人人都要朝圣人的方向、高度去努力。这样，即使成不了圣人，也会成为贤人、君子。这即是德性培育，也是智慧养成。因为，只有达到了一定的境界，才能在这个纷纭复杂的世界中进退自如：求进，“其言足以兴”；求退，“其默足以容”。这就是孔子所说的“用之则行，舍之则藏”（《论语·述而》）。

dà zāi shèng rén zhī dào
大哉！圣人之道！

yáng yáng hū fā yù wàn wù jùn jí yú tiān
洋洋乎！发育①万物，峻极于天②。

yōu yōu dà zāi lǐ yí sān bǎi wēi yí sān qiān
优优③大哉！礼仪④三百，威仪三千⑤。

dài qí rén ér hòu xíng
待其人⑥而后行。

gù yuē gǒu bú zhì dé zhì dào bù níng yān
故曰苟不至德⑦，至道不凝⑧焉。

gù jūn zǐ zūn dé xìng ér dào wèn xué zhì guǎng dà ér jìn jīng wēi jí gāo míng ér dào zhōng yōng wēn gù ér zhī xīn dūn hòu yǐ chóng lǐ
故君子尊德性而道问学⑨，致广大而尽精微⑩，极高明而道中庸⑪。温故而知新，敦厚以崇礼⑫。

① 发育：开发，培育。② 峻极于天：高峻到极点。峻，高大。③ 优优：充足宽裕。④ 礼仪：古代礼节的主要规则，又称“经礼”。⑤ 威仪：古代礼仪的具体规范，礼节、条目，又称“曲礼”。三千：极多，繁盛周备。⑥ 其人：至诚至德之人。⑦ 苟不至德：如果没有至高的德行。苟，如果。⑧ 凝：凝聚，成功。⑨ 尊德性而道问学：尊奉德性是由问学而来。道，由，从。⑩ 致广大而尽精微：致力于广大之境而穷尽于精微之处。⑪ 极高明而道中庸：臻于高明极致而奉行中庸之道。道中庸，以中庸为道。⑫ 敦厚以崇礼：朴实厚道，尊崇礼乐。

shì gù jū shàng bù jiāo, wéi xià bú bèi. guó yǒu
是故居上不骄，为下不倍[1]。国有
dào, qí yán zú yǐ xīng; guó wú dào, qí mò zú yǐ
道，其言足以兴；国无道，其默[2]足以
róng. shī yuē: jì míng qiě zhé, yǐ bǎo qí
容[3]。《诗》曰[4]：“既明且哲[5]，以保其
shēn. qí cǐ zhī wèi yú!
身”。其[6]此之谓[7]与！

①倍：通“背”，背弃，背叛。②默：沉默，缄默不语。③容：容身。指保全自己。④《诗》曰：此句出自《诗经·大雅·烝民》，是一首赞扬周宣王的贤明大臣的诗歌。⑤既明且哲：明辨是非，通达事理。明、哲，都指智慧。⑥其：表示推测。⑦此之谓：说的就是这样的（君子）。

dì èr shí bā zhāng

第二十八章

本章共112字，承接上章，针对“为下不倍”4字进一步发挥。这个“下”，既是指地位低，也是指德行低。

从天地之道，谈到圣人君子之道，再到常人庸人之道，可谓面面俱到。

什么是“为下而倍”？孔子举了三种例子：

“愚而好自用”，愚蠢却刚愎自用、倒行逆施。这是有位而无德之人，如桀、纣。

“贱而好自专”，低贱却独断专行、自以为是。这是无位又无德之人。

“生乎今之世，反古之道”，生在今世，偏偏按古人的方式过活。这种人就包括所谓“素隐行怪”之人，自以为与众不同，不过是哗众取宠。

这三种人，都是“小人反中庸”的代表。“愚而好自用”，不知道“德不配位，必有灾殃”的后果；“贱而好自专”，不懂得“不在其位，不谋其政”(《论语·泰伯》)的重要性；“生乎今之世，反古之道”，未掌握“君子而时中”的道理。

子张向孔子请教：“十世可知乎？”十世以后的礼制能够预知吗？孔子说：“虽百世，可知也。”(《论语·为政》)因为，殷商承袭了夏代的礼制，周朝承袭了殷商的礼制，其中损益因革之处传

承有序，都是可以知道的。

颜子向孔子请教如何治理国家。孔子说："行夏之时，乘殷之辂，服周之冕，乐则《韶》《舞》。"(《论语 · 卫灵公》) 行夏代的历法，因为符合农时；乘商代的大车，因为比较质朴；戴周代的礼帽，因为制度完备；用舜和周武王的音乐，因为有善有美。

时代在发展，文化在创新，要根据人类社会的需要而与时偕行。既不能盲目复古，"反古之道"，也不能全盘否定，"从头再来"。古人创造的制度，符合今天需要的，理应继承；不适应时代发展的，要大胆转化。

文中有"今天下车同轨，书同文，行同伦"的说法，有人据此认为《中庸》非子思所作，因为子思所在的时代还没有天下一统。郭沫若在《十批判书》中指出："'书同文，行同伦'在春秋战国时已有其实际，金文文字与思想之一致性便是证明，不必待秦汉之统一。仅'车同轨'一语或有问题，但在目前亦尚无法足以断言秦以前各国车轨决不一致。秦人统一天下之后，因采取水德王之说，数字以六为贵，故定'舆六尺'，'六尺为一步，乘六马'，以此统一天下之车轨，此乃一种新的统一而已。"《左传·隐公元年》有"同轨毕至"的记载，《管子 · 君臣上》有"戈兵一度，书同名，车同轨"的例证，都说明了当时"各有其同"的"三同"现象。

还有人认为，"今天下车同轨，书同文，行同伦"这句话，可能是后代学者窜入之文，将这句话删除，并无碍上下文意。这属于臆测之语，没有什么根据，聊备一说。

zǐ yuē yú ér hào zì yòng jiàn ér hào zì
子曰：“愚①而好②自用③，贱④而好自

zhuān shēng hū jīn zhī shì fǎn gǔ zhī dào rú cǐ zhě
专⑤；生乎今之世，反古之道⑥。如此者，

zāi jí qí shēn zhě yě
灾及⑦其身者也。”

fēi tiān zǐ bú yì lǐ bú zhì dù bù kǎo
非天子，不议礼⑧，不制度⑨，不考

wén
文⑩。

jīn tiān xià chē tóng guǐ shū tóng wén xíng tóng lún
今天下车同轨，书同文，行同伦⑪。

suī yǒu qí wèi gǒu wú qí dé bù gǎn zuò lǐ yuè
虽有其位，苟无其德，不敢作礼乐⑫

yān suī yǒu qí dé gǒu wú qí wèi yì bù gǎn zuò lǐ
焉；虽有其德，苟无其位，亦不敢作礼

yuè yān
乐焉。

①愚：愚蠢。结合下文“虽有其位，苟无其德”，这里应该指有位无德之人，无德也是愚蠢。②好：喜欢。③自用：刚愎自用，自以为是。④贱：地位低贱。⑤自专：独断专行。⑥反古之道：返回到古人的做法。指不知“时中”之义，不掌握古今通用之道、通行之法，只知道僵化地学习古人。反，返回，回到。⑦及：到。⑧议礼：议订礼制。⑨制度：制定法度。制，在这里作动词用。⑩考文：考订文字。⑪车同轨，书同文，行同伦：车子两轮间距离一致，文字规范统一，伦理观念相同。轨，车辙。书，文字。伦，人伦道德。⑫作礼乐：创设礼乐制度。

zǐ yuē wú shuō xià lǐ qǐ bù zú zhēng yě
子曰："吾说夏①礼，杞②不足征③也；
wú xué yīn lǐ yǒu sòng cún yān wú xué zhōu lǐ jīn yòng
吾学殷礼，有宋④存焉；吾学周礼，今用
zhī wú cóng zhōu
之，吾从⑤周。"

① 夏：相传大禹受虞舜禅让建立夏，大禹之子启继父为君，这是中国第一个"家天下"的国家政权。② 杞：国名，周武王封夏禹的后代于杞，在今天的河南杞县。③ 不足征：没有充分的证据。征，验证。④ 宋：国名，商汤后代的封地，在今天的河南商丘一带。封于宋国的微子启传位于其弟微仲衍，微仲衍是孔子的祖先。⑤ 从：遵从。

dì èr shí jiǔ zhāng
第二十九章

本章共177字，承接上章，针对“居上不骄”4字作进一步发挥。这个“上”，既指地位高，也指德行高。

“三重”，三个重点，三个慎重，指的是什么？历来有不同的解释。东汉郑玄认为指“三王（夏商周）之礼”，上一章的最后一句有提示；唐代孔颖达和北宋程颐都支持这个说法。明清之际的学者毛奇龄则认为是指“德、位、时”，是从上一章的第一句而来。也有学者认为是指本章下文中的“动、行、变”。这三种说法各有道理。但是，从这两章的文意来看，对于如此重要的“三重”，怎么可能故意说得这么隐讳，还要让人去猜？其实，上一章明确讲道“非天子，不议礼，不制度，不考文”，这三个重要行为，只有既有德又有位的人才能去做。说得多明白！“议礼、制度、考文”就是“三重”。有此“三重”，礼仪、制度、文字统一，就会使“国不异政，家不殊俗”（北宋吕大临语）。朱子也认同这种理解。

“上焉者”和“下焉者”又作何解？也有不同观点。有人解释为“三代以上”“三代以下”，这是随“三重”乃“三王之礼”的理解而来的。朱子认为，“上焉者”指“时王以前”，也就是周代以前的夏、商二代；“下焉者”则指有德而无位的圣人，如孔子。这个理解有些错乱，前者说时间，后者说地位，显然文意

不顺。其实，仍然从“三重”本身来看，“居上不骄”，“居下不倍”，非常明确，也并不复杂，“上焉者”指的就是上位的天子，有位有德是最好的，“善”而有“征”则民“信”且“从”；“下焉者”指的是下位的贤人、君子，有德无位，故“虽善不尊”。

那么，处于“下位”的贤人、君子就无所作为了吗？当然不是。上位者有王者之道，下位者有君子之道。君子之道，以“修身”为根本；以“征诸庶民”为检验，然后用实践反过来修正理论，通过“新民”来“明明德”；以“考诸三王”为借鉴，“择其善者而从之”，保持历史的延续性；以符合天道为依据，取得行为的合法性；“质诸鬼神”，按照孟子的说法，这是获取“天爵”，区别于俗世王权赐予的“人爵”，既是求得心安的方法，也是治民安民的手段，以示得到上天的支持。如此，则“虽百世，可知也”。

“百世以俟圣人而不惑”，并不是说要等待百世来验证，如朱子所谓“圣人复起，不易吾言”；而是“至诚之道，可以前知”，只要是符合天理人情的行为，就有足够的信心预知其功效，必然会成为通行天下的法度。这就是“至诚如神”！

wàng tiān xià yǒu sān zhòng yān qí guǎ guò yǐ hū
王天下①有三重②焉，其寡过③矣乎！
shàng yān zhě suī shàn wú zhēng wú zhēng bú xìn
上焉者④，虽善无征⑤，无征不信，
bú xìn mín fú cóng xià yān zhě suī shàn bù zūn bù
不信民弗从。下焉者⑥，虽善不尊⑦，不
zūn bú xìn bú xìn mín fú cóng
尊不信，不信民弗从。

gù jūn zǐ zhī dào běn zhū shēn zhēng zhū shù mín
故君子之道，本诸身⑧，征诸庶民⑨，
kǎo zhū sān wáng ér bú miù jiàn zhū tiān dì ér bú bèi
考诸三王而不缪⑩，建诸天地而不悖⑪，
zhì zhū guǐ shén ér wú yí bǎi shì yǐ sì shèng rén ér
质⑫诸鬼神而无疑，百世⑬以俟⑭圣人而
bú huò
不惑。

zhì zhū guǐ shén ér wú yí zhī tiān yě bǎi shì yǐ sì
质诸鬼神而无疑，知天也；百世以俟
shèng rén ér bú huò zhī rén yě
圣人而不惑，知人也。

①王天下：做天下之王，统治天下。王，作动词用，称王。②三重：指上一章所说的三件事：议礼、制度、考文。③寡过：减少过错。寡，少。④上焉者：在上位的人，天子。⑤征：验证。⑥下焉者：在下位的人，有德而无位，如孔子。⑦不尊：没有尊位。⑧本诸身：立足于自身的至诚德性。本，立足的根本。⑨征诸庶民：在庶民那里得到验证。⑩考诸三王而不缪：考证三王之道而没有差错。三王，夏、商、周三代开国君王。缪，谬误。⑪建诸天地而不悖：放在天地之道中施行而不悖逆。建，建立，这里有实施的意思。⑫质：质询，询问。⑬世：一世为三十年。⑭俟：等待。

shì gù jūn zǐ dòng ér shì wéi tiān xià dǎo xíng
是故君子动①而世为天下道②，行③
ér shì wéi tiān xià fǎ yán ér shì wéi tiān xià zé yuǎn
而世为天下法④，言而世为天下则⑤。远
zhī zé yǒu wàng jìn zhī zé bú yàn
之则有望⑥，近之则不厌⑦。

shī yuē zài bǐ wú wù zài cǐ wú yì
《诗》曰⑧："在彼无恶，在此无射⑨。
shù jī sù yè yǐ yǒng zhōng yù
庶几夙夜，以永终誉⑩。"

jūn zǐ wèi yǒu bù rú cǐ ér zǎo yǒu yù yú tiān xià
君子未有不如此而蚤⑪有誉于天下
zhě yě
者也。

①动：举动。②道：指引。③行：行事。④法：法度。⑤则：法则，准则。⑥望：仰慕，景仰。⑦厌：厌倦。⑧《诗》曰：此句出自《诗经·周颂·振鹭》，这是一首周天子设宴招待前来助祭的诸侯的诗歌。⑨在彼无恶，在此无射：在那里（本国）没有人憎恶，在这里（周朝）也没有人讨厌。这句诗是说，周成王祭祀周文王时，杞、宋二国的国君作为夏、商二王的后代，前来助祭；他们身有美德，不论在本国还是在周，都受到赞扬。射，同"斁（yì）"，《诗经》原文即作"斁"，讨厌，厌弃。⑩庶几夙夜，以永终誉：从早到晚都这样做，来保持长远的名声。庶几，差不多。夙夜，从早到晚。永，永远。终誉，所成就的荣誉。⑪蚤：通"早"。

dì sān shí zhāng

第三十章

本章共 76 字。

尧舜之道，文武之政，如果没有孔子的保存整理，可能已经散失。果真如此，今天的中国文化将是什么样子？

钱穆先生在《孔子传》中说："在孔子以前，中国历史文化当已有两千五百年以上之积累，而孔子集其大成。在孔子以后，中国历史文化又复有两千五百年以上之演进，而孔子开其新统。在此五千多年，中国历史进程之指示，中国文化理想之建立，具有最深影响最大贡献者，殆无人堪与孔子相比伦。"柳诒徵先生在《中国文化史》中说得更直白："自孔子以前数千年之文化，赖孔子而传；自孔子以后数千年之文化，赖孔子而开。"

孔子自称"述而不作"，以尊重而严谨的态度对上古以来的中国文化进行了全面继承，这就是孟子所说的"孔子之谓集大成"(《孟子·万章下》)。然而，他的这一举动实际上却是"有述有作""寓作于述""以述为作"，既强调继承性，又突出创造性，因此才能既"集其大成"，又"开其新统"，创立了以"仁""礼""中庸"为核心的儒家学派，影响非但至今不绝，反而在不同的时势发展变化之下，生发出更多新意。"祖述尧、舜，宪章文、武"这八个字，也由此成为"道统论"的雏形，孔子以自己的无上担当和身体力行，为后儒作出了表率。

后世学者“宗师仲尼”，每当民族和社会遇到困难，尤其是大厦将倾、狂澜既倒、国家动荡之时，或者是思想文化领域遇到创新创造的瓶颈之际，人们总是会回到“六经”、回到孔子，去寻找匡时救弊的良方。针对当时的社会问题，思想家们提出了应对之策，又不断地丰富和完善了儒学，使得中华文明这条大河“有源有流”，始终奔流不息，保持了旺盛的生命力和强大的创造力，成为延续数千年而未中断的文明体系。

曲阜孔庙有很多牌匾，历代帝王大儒留下了他们对孔子的敬仰和追慕。其中有这么两块：“德侔天地”，“道贯古今”。前者是说孔子之德性与天地比肩，因为他上奉天理，下尊地道，如天地之大，无不支撑承载；如四季交替运行，天有春夏秋冬，人有仁义礼智；如日月轮转昼夜，“天不生仲尼，万古如长夜”。这就是古人所说的“夫大人者，与天地合其德，与日月合其明，与四时合其序，与鬼神合其吉凶”。后者是说孔子之功业与古今偕行，虽“人爵”无位，而“人格”至极。英国学者贡布里希在《写给大家的简明世界史》中感慨地说：“在孔子学说的影响下，伟大的中华民族比世界上别的民族更加和睦和平地共同生活了几千年。”

以孔子为代表的中国圣贤，借鉴天道、地道，赋予人道以博大包容的气象和格局。中华先民在理解了“万物并育而不相害，道并行而不相悖”的“大德”和规律后，推动“小德川流，大德敦化”，将各具特性和优势的“小德”兼容并蕴于“大德”之中，“敦而化之”，以宽宏促和谐，形成了中华文明的独有品格。

zhòng ní zǔ shù yáo shùn xiàn zhāng wén wǔ shàng
仲尼祖述①尧、舜，宪章②文、武，上
lǜ tiān shí xià xí shuǐ tǔ
律③天时，下袭④水土。

pì rú tiān dì zhī wú bù chí zài wú bú fù dào
辟如天地之无不持载⑤，无不覆帱⑥；
pì rú sì shí zhī cuò xíng rú rì yuè zhī dài míng
辟如四时之错行⑦，如日月之代明⑧。

wàn wù bìng yù ér bù xiāng hài dào bìng xíng ér bù
万物并育⑨而不相害⑩，道并行而不
xiāng bèi xiǎo dé chuān liú dà dé dūn huà cǐ tiān
相悖⑪。小德川流⑫，大德敦化⑬，此天
dì zhī suǒ yǐ wéi dà yě
地之所以为大也！

①祖述：宗奉并传述。②宪章：效法并彰明。③律：遵从。④袭：因袭，依照。⑤持载：支撑承载。⑥覆帱：覆盖。地持载，天覆帱。⑦四时之错行：四季交错运行，流动不息。错行，交错、交替运行。⑧日月之代明：日月交替光明，循环变化。代，交替。⑨并育：共同生长发育。⑩相害：相互妨害。⑪悖：违背，冲突。⑫小德川流：民众遵循良风善俗如江河流动不息。小德，与圣人之大德相对而言，指普通人在大德影响之下，民风纷纷向善，如江河之水流动。⑬大德敦化：圣人仁爱之心敦厚而化育万物。大德，并育并行的圣人之道。敦，敦厚，朴实。化，化育。

dì sān shí yī zhāng

第三十一章

本章共136字。

上章的主要内容是讲孔子圣德的高明和功用。本章则主要讲孔子圣德的内涵，体现在以下五个方面：

“聪明睿知，足以有临也。”明智通达，故足以俯察天下，领袖万民。

“宽裕温柔，足以有容也。”宽宏温润，故足以包容蕴藉，含纳万物。

“发强刚毅，足以有执也。”奋发刚毅，故足以坚定信念，决断万事。

“齐庄中正，足以有敬也。”端庄公正，故足以卑己尊人，礼敬万方。

“文理密察，足以有别也。”思虑详密，故足以明辨是非，区分万理。

对于此“圣人五德”，历来有不少争议，关键是对第一条和后四条的定性不同。

宋代的游酢认为，“自唯天下至圣以下，聪明睿知，圣德也；宽裕温柔，仁德也；发强刚毅，义德也；齐庄中正，礼德也；文理密察，智德也”。近年来，随着汉帛和楚简《五行》的出土，也有学者以“圣仁义礼智”来对应“五行”或“五常”。这样，就把这“五德”并列起来，成为平行的关系。

但是，“圣”应该是具有总领性意义的，“仁义礼智”都是“圣”中之一端，不应是平等并列的关系。

鲍鹏山先生认为，“聪明睿知”其实就是“智”；“宽裕温柔”是“仁”；“齐庄中正”因为有“敬畏”的内涵，应该是“义”；“文理密察”因为有“分别”秩序的含义，应该是“礼”；考虑到《中庸》强调“三达德”，在“五德”之中，“智”和“仁”都有体现，《中庸》的作者不可能忘记“勇”，所以，“发强刚毅”对应的应该就是“勇”。应该说，这种理解是很有见地的。

然而，就算不考虑“知”和“智”的区别，仅凭“聪明”和“睿知”两个词的含义，也绝不是“智”的意涵能够包举的。《尚书》说：“惟天生聪明时乂。”“天生者”唯有圣人。《战国策》说：“中国者，聪明睿知之所居也。”而不是说“仁者、义者、礼者、信者”之所居也，就是从“神以知来，知以藏往”（《易·系辞上》）的神圣意义上讲的。《韩非子·解老》也说：“聪明睿智，天也。”这是一种天生的属性，与生俱来，直接占据制高点。

宋儒真德秀认为：“礼智，是自然之性，能辨是非者；睿知，是说圣人聪明之德，无所不能者。”也把“礼智”与“睿知”作了明确区分。

因此，还是朱子的解读有道理：“聪明睿知，生知之质。”“质”就是本性，就是“明”，生而高明。“其下四者，乃仁义礼智之德。”所以，不必强求将“圣人五德”与“五常”“五行”联系起来，“聪明睿知”与“仁义礼智”就是一个总与分的关系，合而为“质”，分而为“德”。

正如真德秀所言：“且如临十人，须是强得那十人方得。至于百人、千人、万人皆然。若临天下，便须强得天下。”想要做到“有临”，需要撑起百倍的担当；同样，“人一能之，己百之；人十能之，己千之”，还需要付出百倍的努力。而只要具备了这“五德”修养，然后“临”民，就可以无不信敬，无不悦服，德以“配天”。

wéi tiān xià zhì shèng wéi néng cōng míng ruì zhì zú yǐ
唯天下至圣，为能聪明睿知①，足以

yǒu lín yě kuān yù wēn róu zú yǐ yǒu róng yě
有临②也；宽裕温柔③，足以有容④也；

fā qiáng gāng yì zú yǐ yǒu zhí yě zhāi zhuāng zhōng
发强刚毅⑤，足以有执⑥也；齐庄中

zhèng zú yǐ yǒu jìng yě wén lǐ mì chá zú yǐ yǒu
正⑦，足以有敬也；文理密察⑧，足以有

bié yě
别⑨也。

pǔ bó yuān quán ér shí chū zhī
溥博渊泉⑩，而时⑪出之。

pǔ bó rú tiān yuān quán rú yuān xiàn ér mín mò bú
溥博如天，渊泉如渊。见⑫而民莫不

jìng yán ér mín mò bú xìn xíng ér mín mò bú yuè
敬，言而民莫不信，行而民莫不说⑬。

shì yǐ shēng míng yáng yì hū zhōng guó yì jí mán
是以声名洋溢⑭乎中国⑮，施及蛮

① 聪明睿知：从字义上讲，听觉敏锐为聪，视觉清楚为明，思维灵动为睿，学识广博为知。但“聪明”与“睿知”合起来说，就有“无所不明、无所不知、无所不能”的含义了。② 临：居高临下，俯察，有治理民众的意思。③ 宽裕温柔：宽容，舒缓，温和，柔顺。④ 有容：胸怀宽广，包容。⑤ 发强刚毅：奋发，坚强，刚健，弘毅。⑥ 执：信念，操守。⑦ 齐庄中正：恭敬，庄重，中正，公平。齐，同“斋”，斋戒以示恭敬。⑧ 文理密察：思虑周密，明辨是非。文，文章，文采。理，条理。文理，指有条理。密，详细，细密。察，明辨。⑨ 别：分别、分辨的能力。⑩ 溥博渊泉：周遍广大，静深有本。溥，辽阔。博，广大。渊泉，深潭。⑪ 时：适时。⑫ 见：出现。⑬ 说：喜悦，高兴。⑭ 洋溢：充满，流布。⑮ 中国：指华夏地区。

貊①。舟车所至，人力所通，天之所覆，地之所载，日月所照，霜露所队②，凡有血气③者，莫不尊亲，故曰配天④。

①施及蛮貊：影响到周边国家和地区。蛮，古代指南方少数民族地区。貊，古代指北方少数民族地区。施，传播，影响。②队：坠落。③有血气者：指人类。④配天：与天相匹配。朱子说："言其德之所及，广大如天也。"

dì sān shí èr zhāng

第三十二章

本章共59字。

上章讲孔子“至圣之德”，本章讲孔子“至诚之道”。朱子说：“至诚之道，非至圣不能知；至圣之德，非至诚不能为。则亦非二物也。”“至圣之德”与“至诚之道”本就是一体之两面。

“至诚”就是“至善”。要知道，“至善”并不是“善”，而是“纯善”；“善”的反义词是“恶”，“至善”则没有反义词可与之对应；同样，“仁”也没有反义词可与之对应。“至诚”，就是“天下之大本”，就是天道、地道；就是“仁心”，就是人道。把握了“至诚之道”，当然就能“知天地之化育”；掌握了“天下之大本”，当然就“能经纶天下之大经”，就能“动而世为天下道，行而世为天下法，言而世为天下则”，就能使“天下之大经”（也就是“五达道”）既充实其体，又发挥功用，各得其宜。

如此，就可以达到极致美好的状态：“肫肫其仁！渊渊其渊！浩浩其天！”恳切纯厚啊，仁德！深邃寥远啊，至诚！浩瀚广大啊，化育！这是多么神圣而又高深的境界，不是每个人都能触摸得到的。

读到这里，我们好像思接千载，看到子思正在遥望浩渺的星空，追思先圣的博大。他的背影，沉静而孤独；他的眼神，明亮而坚定。郑玄对这个场景评论说：“唯圣人能知圣人也。”

唯天下至诚，为能经纶①天下之大经②，立天下之大本③，知天地之化育。夫焉有所倚④？

肫肫其仁⑤！渊渊其渊⑥！浩浩⑦其天！

苟不固⑧聪明圣知达天德者⑨，其孰⑩能知之⑪？

① 经纶：规划，治事。本意指纺织之前整理丝缕，“理其绪而分之”为经，“比其类而合之”为纶。② 大经：大纲大法，指“五达道”。③ 大本：根本原则，指至诚之性。④ 倚：倚靠，依赖，指只有“至诚”可以依靠。⑤ 肫肫其仁：他的仁德诚恳纯粹。肫肫，诚挚的样子。⑥ 渊渊其渊：水深远沉静的样子，形容至诚纯粹而静深。前面的“渊渊”，形容水深而沉静。后面的“渊”，指深水。⑦ 浩浩：浩瀚广大的样子，形容化育之德如天浩大。⑧ 固：实在，确实。⑨ 达天德者：通晓天命之性的人。⑩ 孰：谁。⑪ 知之：知道“天下至诚”的道理。

dì sān shí sān zhāng

第三十三章

本章共212字，是对全书的总结，引用八句《诗经》，从四个方面总论中庸之道。

首先，还是从“立心之始”说起。以君子和小人的对比，内外和远近的分别，肯定内在的充实，基础的修养。

其次，关注“慎独”的功夫。呼应本书首章提出的这一重要概念，只有“内省不疚”，才能“不动而敬，不言而信”。

再次，阐明“至诚”的功效。只要做到“笃恭”，治理百姓就不必借助刑赏，诸侯自然景从效法，天下太平。

最后，赞美“中庸之道”的至高境界。“上天之载，无声无臭。”以德化民，大化流行！

从谋篇布局的安排上，我们也可以看出作者的苦心孤诣。如朱子所言：“子思因前章极致之言，反求其本。”从前章的“大经”“大本”，到本章的“君子之道，暗然而日章”，然后论述“为己谨德之事”，重提“慎独”功夫，接下来“致乎笃恭而天下平之盛”，第一次提出“笃恭”二字，最后“赞其妙，至于无声无臭而后已焉”。朱子认为，本章“盖举一篇之要而约言之”，将全篇宗旨化繁为简，“其反复丁宁示人之意，至深切矣，学者其可不尽心乎！”

《中庸》的核心思想是“诚”，但这个字到第十六章才开始出现。同样道理，如王夫之所说：“中庸至末章而始言‘笃恭’，甚矣其重言之也。”

shī yuē yì jǐn shàng jiǒng wù qí wén zhī
《诗》曰①："衣锦尚䌹②。"恶其文之

zhù yě gù jūn zǐ zhī dào àn rán ér rì zhāng
著③也。故君子之道，暗然④而日章⑤；

xiǎo rén zhī dào dì rán ér rì wáng jūn zi zhī dào dàn
小人之道，的然⑥而日亡。君子之道，淡

ér bú yàn jiǎn ér wén wēn ér lǐ zhī yuǎn zhī jìn
而不厌，简而文，温而理⑦。知远之近，

zhī fēng zhī zì zhī wēi zhī xiǎn kě yǔ rù dé yǐ
知风之自，知微之显⑧，可与入德⑨矣。

①《诗》曰：此句出自《诗经·卫风·硕人》（此诗描写齐女庄姜出嫁于卫庄公的盛况）和《诗经·郑风·丰》（描写女子思念心上人的诗歌）。此处所引文字与《诗经》原文有异，但意思一致。② 衣锦尚䌹：穿着锦衣，外面罩上麻布所制的单衣。衣，此处作动词用，穿。锦，有彩色花纹的华丽服装。尚，加在上面。䌹，用麻布制的罩衣。③ 恶其文之著：厌恶锦衣的花纹太耀眼。恶，嫌恶，厌恶。文，花纹，文采。著，显著，耀眼。④ 暗然：隐藏不露。⑤ 日章：日渐彰显。⑥ 的然：鲜明，凸显出来。⑦ 淡而不厌，简而文，温而理：平淡不使人厌倦，简约却又内蕴文采，温润而又条理分明。⑧ 知远之近，知风之至，知微之显：知道由近及远的道理，知道风有源头的道理，知道显著从微小而起的道理。⑨ 入德：入圣人之德。

shī yún qián suī fú yǐ yì kǒng zhī zhāo
《诗》云[1]："潜虽伏矣，亦孔之昭[2]。"
gù jūn zǐ nèi xǐng bú jiù wú wù yú zhì jūn zǐ zhī
故君子内省不疚[3]，无恶于志[4]。君子之
suǒ bù kě jí zhě qí wéi rén zhī suǒ bú jiàn hū
所不可及者，其唯人之所不见乎[5]？

shī yún xiàng zài ěr shì shàng bú kuì yú
《诗》云[6]："相在尔室[7]，尚不愧于
wū lòu gù jūn zǐ bú dòng ér jìng bù yán ér xìn
屋漏[8]。"故君子不动而敬，不言而信[9]。

①《诗》云：此句出自《诗经·小雅·正月》。这是一首怨刺周幽王的诗歌。② 潜虽伏矣，亦孔之昭：（鱼）虽然潜伏很深，仍然清晰可见。孔，很，甚。昭：明显。③ 内省不疚：自我反省，问心无愧。省，反思，反省。疚，愧疚。④ 无恶于志：无愧于心。恶，厌恶。志，心。⑤ 君子之所不可及者，其唯人之所不见乎：君子之所以为人所不及，大概就是因为在别人看不见的地方下功夫吧。指慎独与诚敬。⑥《诗》云：此句出自《诗经·大雅·抑》。⑦ 相在尔室：有眼睛在你的居所里看着你。相，注视。尔，你的。室，居室。⑧ 不愧于屋漏：指心地光明，不在暗中做坏事，起坏心。屋漏，指室内西北角阴暗处，这个方位也是宗庙中存放神主之处。⑨ 不动而敬，不言而信：做事前先存敬畏，说话前先自诚信。

《诗》曰①："奏假无言②，时靡有争③。"是故君子不赏而民劝④，不怒而民威于铁钺⑤。

shī yuē zòu gé wú yán shí mǐ yǒu zhēng shì gù jūn zǐ bù shǎng ér mín quàn bú nù ér mín wēi yú fǔ yuè

《诗》曰⑥："不显惟德⑦，百辟其刑之⑧。"是故君子笃恭⑨而天下平。

shī yuē pī xiǎn wéi dé bǎi bì qí xíng zhī shì gù jūn zǐ dǔ gōng ér tiān xià píng

①《诗》曰：此句出自《诗经·商颂·烈祖》。这是一首祭祖求福的诗歌。②奏假无言：（祭祀时）在心中默默诚心祈祷。奏，祈祷。假，通"格"，至，到。无言，不说话。③时靡有争：（因大家都诚心静气）没有竞争。④不赏而民劝：不需要赏赐而民众自然受到鼓励。劝：劝勉，鼓励。⑤不怒而民威于铁钺：不用发怒民众就比面对兵器刑具还畏惧。铁钺，两种兵器，铁，通"斧"，是执行军法时用的斧子，钺是长柄形如板斧的兵器。⑥《诗》曰：此句出自《诗经·周颂·烈文》。⑦不显惟德：（文王）显耀他的德性。不，同"丕"，大。惟，《诗经》原文作"维"。⑧百辟其刑之：诸侯们都来效法。辟，诸侯。刑，仿效。⑨笃敬：敦厚恭敬。

《诗》云①："予怀明德②，不大声以色③。"子曰："声色之于以化民④，末⑤也。"《诗》曰⑥："德輶⑦如毛。"毛犹有伦⑧。"上天之载⑨，无声无臭。"至⑩矣！

①《诗》云：此句出自《诗经·大雅·皇矣》。这是周王朝的开国史诗。②予怀明德：我（天帝）归赐天命，给你（文王）光明的德性。予，诗经中这是天帝对文王说的话，予是"我"的意思，指天帝。怀，归向，趋向。③不大声以色：不疾言厉色。④声色之于以化民：以疾言厉色来教化民众。⑤末：最下策，不可取的做法。末，树梢，引申为非根本的、次要的。⑥《诗》曰：此句出自《诗经·大雅·烝民》。⑦德輶如毛：德行犹如轻便的车子，轻得像羽毛一样。輶，一种轻便的车子。⑧伦：比较。⑨上天之载，无声无臭：上天化育万物之德，无声无息。这句诗出自《诗经·大雅·文王》。臭，气味。⑩至：最高境界。

参考文献

[1] [汉]毛亨传,[汉]郑玄笺,[唐]陆德明音义,[唐]孔颖达疏,[清]阮元校刻:《阮刻毛诗注疏》,浙江大学出版社,2013年。

[2] [汉]司马迁:《史记》,中华书局,1982年。

[3] [汉]班固:《汉书》,中华书局,1962年。

[4] [汉]许慎著,[清]段玉裁注:《说文解字注》,中华书局,2013年。

[5] [汉]郑玄注,[唐]陆德明释文:《宋本礼记》,国家图书馆出版社,2017年。

[6] [汉]郑玄注,王锷点校:《礼记注》,中华书局,2021年。

[7] [汉]赵岐注,[宋]孙奭疏:[清]阮元校刻:《阮刻孟子注疏解经》,浙江大学出版社,2021年。

[8] [唐]陆德明音义,[唐]孔颖达疏,[清]阮元校刻:《阮刻礼记注疏》,浙江大学出版社,2015年。

[9] [唐]孔颖达撰:《影印南宋越刊八行本礼记正义》,北京大学出版社,2015年。

[10] [三国魏]何晏注,[宋]邢昺疏,[清]阮元校刻:《阮刻论语注疏解经》,浙江大学出版社,2021年。

[11] [唐]陆德明音义，[唐]孔颖达疏，[清]阮元校刻:《阮刻尚书注疏》，浙江大学出版社，2014年。

[12] [唐]韩愈著，刘真伦、岳珍校注:《韩愈文集汇校笺注》，中华书局，2017年。

[13] [唐]李翱:《李文公集》，上海古籍出版社，1993年。

[14] [宋]欧阳修著，张春林编:《欧阳修全集》，中国文史出版社，1999年。

[15] [宋]程颢、程颐著，王孝鱼点校:《二程集》，中华书局，2004年。

[16] [宋]程颢、程颐:《二程遗书》，上海古籍出版社,2000年。

[17] [宋]王十朋:《王十朋文集》，上海古籍出版社，2012年。

[18] [宋]朱熹:《宋本大学章句》《宋本中庸章句》，国家图书馆出版社，2016年。

[19] [宋]朱熹集注:《论语·大学·中庸》，上海古籍出版社，2013年。

[20] [宋]朱熹:《四书或问》，上海古籍出版社、安徽教育出版社，2001年。

[21] [宋]朱熹集传:《诗经》，上海古籍出版社，2013年。

[22] [宋]黄士毅编，徐时仪、杨艳汇校:《朱子语类汇校》，上海古籍出版社，2014年。

[23] [宋]真德秀撰，陈静点校:《四书集编》，福建人民出版社，2021年。

[24] [宋]志磐撰，释道法校注:《佛祖统纪校注》，上海古籍出

版社，2012 年。

[25] [元] 陈天祥：《 四书辨疑 》，中国社会科学出版社，2021 年。

[26] [元] 陈澔集说，金晓东校点：《 礼记 》，上海古籍出版社，2016 年。

[27] [明] 王守仁撰，吴光等编校：《 王阳明全集 》，上海古籍出版社，2012 年。

[28] [明] 李贽：《 四书评 》，上海人民出版社，1975 年。

[29] [清] 黄宗羲：《 宋元学案 》，中华书局，2013 年。

[30] [清] 王夫之：《 读四书大全说 》，中华书局，1975 年。

[31] [明] 刘宗周：《 刘宗周全集 》，浙江古籍出版社，2007 年。

[32] [清] 孙希旦撰：《 礼记集解 》，中华书局，1989 年。

[33] [清] 崔述：《 洙泗考信录 》，山东友谊出版社，1990 年。

[34] 程树德：《 论语集释 》，中华书局，2014 年。

[35] 陈寅恪：《 金明馆丛稿初编 》，三联书店，2012 年。

[36] 郭沫若：《 十批判书 》，东方出版社，1996 年。

[37] 钱穆：《 四书释义 》，九州出版社，2011 年。

[38] 钱穆：《 孔子传 》，九州出版社，2011 年。

[39] 陈戍国：《 四书五经校注本 》，岳麓书社，2006 年。

[40] 杨伯峻：《 四书全译 》，中华书局，2020 年。

[41] 陈来、王志民主编：《 大学解读 》，齐鲁书社，2019 年。

[42] 陈来、王志民主编：《 中庸解读 》，齐鲁书社，2019 年。

[43] 王钧林、周海生译注：《 孔丛子 》，中华书局，2012 年。

[44] 杨朝明、宋立林主编：《 孔子家语通解 》，齐鲁书社，2013 年。

[45] 杨朝明主编:《论语诠解》，山东友谊出版社，2013年。

[46] 刘振佳主编:《大学中庸诠解》，山东友谊出版社，2012年。

[47] 王文锦译注:《大学中庸译注》，中华书局，2008年。

[48] 陈晓芬、徐儒宗译注:《论语·大学·中庸》，中华书局，2011年。

[49] 王国轩、胡平生译注:《大学·中庸·孝经》，中华书局，2011年。

[50] 王国轩译注:《大学·中庸》，中华书局，2016年。

[51] 傅可注释:《〈大学·中庸〉读本》，中华书局，2011年。

[52] 万丽华、蓝旭译注:《孟子》，中华书局，2016年。

[53] 中华书局经典教育研究中心:《大学·中庸诵读本》，中华书局，2019年。

[54] 鲍鹏山:《〈大学〉〈中庸〉导读》，中国青年出版社，2022年。

[55] 鲍鹏山:《〈大学〉〈中庸〉正音诵读》，中国青年出版社，2022年。

[56] 李学勤:《荆门郭店楚简中的〈子思子〉》，姜广辉主编《中国哲学》第20辑，辽宁教育出版社，1999年。

[57] 梁涛:《〈大学〉早出新证》，《中国哲学史》2000年第3期。

[58] 郭沂:《子思书再探讨——兼论〈大学〉作于子思》，《中国哲学史》2002年第4期。